나를 비추는 아주 작은 습관의 힘

# 나를 비추는 아주
# 작은 습관의 힘

**초판 1쇄 인쇄** | 2019년 08월 15일
**초판 1쇄 발행** | 2019년 08월 30일

**엮은이** | 박훈
**펴낸곳** | 도서출판 춤추는 고래
**펴낸이** | 임성구
**디자인** | 디자인 감7
**등록번호** | 제2015-000077호
**주소** | 서울시 관악구 남부순환로 228길 85(202호)
**전화** | 02-887-7930 **팩스** | 02-6280-9257
**ISBN** 979-11-87867-19-7   13320

Me-light the Power of a
# Small
# Habits

박훈 엮음

나를 비추는 아주
# 작은 습관의 힘

춤추는고래

지금부터 나를 바꿔야 한다

# 성공을 위한 습관 만들기

나쁜 습관은 버려야 할 때

열정을 갖고 일하기

인맥을 확대하기 위한 노력 하기

# 창의력 사고를 만들기

# 말하는 솜씨 기르기

# 습관에서 나오는 힘은 성공을 부른다!

누구나 성공을 위한 꿈을 이루고 싶어 한다. 그것은 성공을 열망한다는 것을 의미한다. 그리고 마침내 바라는 것을 이루었을 때, 성공이라는 것을 했을 때 너 나 할 것 없이 기쁨을 느낀다. 반대로 바라는 것을 이루지 못했을 때, 성공하지 못했을 때는 깊은 절망감에 빠져 한동안 헤어 나오지 못한다. 이렇듯 한 사람의 인생이라는 것은 어떻게 보면 무언가를 꿈꾸고 그것을 이루기 위해 노력 하는 과정의 반복이라고 해도 과언이 아니다.

어떤 사람은 사업가로서 자신의 회사를 안정되고 튼튼하게 키우는 것이 목표다. 그에게는 회사의 성장이 성공이 된다. 또 어떤 사람은 교육자로서 자신이 가르치는 많은 학생들이 제 각각의 위치에서 훌륭하게 성장하는 것을 꿈꾼다. 그에게는 제자의 성장이 성공이 된다. 이렇듯 사람마다 성공의 의미는 조금씩 다르다. 하지만 꿈을 꾸고 그것을 이룬다는 것의 궁극적인 뜻에는 변함이 없다.

그렇다면 어떻게 성공할 수 있을까? 당연히 '무언가'가 필요하다. 꿈만 꾸고 바라기만 한다면 성공할 수 있을리가 없다. 만약 그럴 수 있다면 이 세상에 성공하지 못한 사람은 없게 될 것이고, 인생의 의미는 지금과 많이 달라져 있을 것이다.

성공하기 위해 필요한 몇 가지 대표적인 것은 바로 능력, 노력, 열정, 인성, 운명 등이다. 능력을 갖추고 열정적으로 노력해야 하는 것이다. 또 제각각 다른 사람들이 모여 사는 사회에서 성공하기 위해서는 좋은 인성을 가지고 더불어 살아갈 줄도 알아야 한다. 운명 역시 빠지면 아쉬운 하나의 깍두기 같은 존재다.

이쯤 되면 다들 소리친다. 누가 그걸 몰라서 성공을 못 하는 줄 아느냐고 말이다. 또 알고는 있지만 쉽게 가질 수 없는 것들 이니까 그러는 거 아니겠냐고 말이다. 하지만 좌절하기에는 아직 이르다. 여기 좀 더 쉽게 성공하기 위해 필요한 것들을 내 것으로 만드는 방법이 있다.

새롭게 길을 내는 일은 어렵지만 앞서 간 자의 발길을 따라 가는 일은 비교적 수월하다. 따라서 먼저 성공한 사람들의 자취를 열심히 쫓으면 나 역시 어느 순간 성공이라는 정상에 다다를 수 있을 것이다. 성공한 사람들의 행적을 따라가다 보면 그들이 공통적인 특징 하나를 가지고 있다는 것을 알 수 있다.

어떠한 원칙을 세우고 그것을 끊임없이 실천해 나간다는 것이 그것이다. 그 행동이 반복되면 우리는 그것을 습관이라 부를 수 있다.

누구나 의식적으로든 무의식적으로든 몇 가지 습관에 따라 생활하고 있다. 당장 오늘 아침 일을 생각해보라 나는 습관처럼 오전 6시 30분에 일어나 씻고 아침을 먹은 다음 출근을 했다. 이때 어떤 사람은 아침을 먹고 씻는 습관을 들였는가 하면 또 어떤 사람은 씻은 다음 아침을 먹는 습관을 들였을 것이다. 물론 아예 아침을 먹지 않는 습관을 들인 사람도 있을 테고 말이다. 상황에 따라 조금씩 조정될 수는 있지만 대부분 길게는 몇 십년 동안 자신이 행해온 범위 내에서 크게 벗어나지 않는다.

따라서 좋은 습관을 가지고 있는 것은 상당히 중요하다. 내가 한번 들인 습관이 내 인생 전체에 영향을 미치기 때문이다. 물론 좋은 습관만 가진다는 것은 불가능한 일일지도 모른다. 하지만 되도록 나쁜 습관을 좋은 습관으로 고치기 위해 노력해야 한다. 그래야만 성공에 좀 더 쉽게 한 걸음 나아갈 수 있다. 성공한 사람들은 성공하는 것에 도움을 줄 수 있는 습관을 가지고 살아간다. 처음에는 조금 힘들지 몰라도 일단 습관이 되고 나면 그다음부터는 훨씬 수월하다. 일부러 의식하지 않아도 내 몸이 알아서 성공을 향해 힘차게 발을 내딛기 때문이다.

나를 비추는 아주 작은《습관의 힘》은 어떻게 성공에 영향을 미치는지 밝히고 더 나아가 어떤 습관이 우리를 성공 혹은 실패로 이끄는지 알려주는 책이다. 이 책을 읽는 많은 독자들이 좋은 습관을 길러 목표한 바를 이룰 수 있길, 성공할 수 있길 바란다.

엮은이 박훈

# 차례

# part 01

## 나쁜 습관은
## 버려야 할 때

# 나도 모르게 만들어진
# 나쁜 습관 버리기

습관은 갑자기 생기는 것이 아니라 오랜 기간에 걸쳐 만들어진다.

우리는 생활을 하면서 굳어진 생각이나 행동을 너무 많이 가지고 있다. 습관의 사전적 의미를 봐도 이 사실을 알 수 있다. 주위를 보면 다리를 떠는 사람, 웃을 때 옆의 사람을 때리는 사람, 손톱을 물어뜯는 사람 등 특정한 행동을 반복하는 사람이 많이 있다. 이들 모두가 습관을 가지고 있는 것이다. 이러한 습관은 갑자기 생기는 것이 아니라 오랜 기간에 걸쳐 만들어진다. 오랜 기간에 걸쳐 이루어진 만큼 한번 굳어진 생각이나 행동은 쉽사리 바꿀 수 없다. 하지만 아예 불가능한 것은 아니다.

나쁜 습관을 가지고 있다는 사실을 인식하고 고치기 위해 조금만 노력해도 충분히 가능하다. 그럼에도 불구하고 대부분의 사람들이 습관의 구렁텅이에서 빠져나올 생각을 하지 못한다는 것은 문제라고 할 수 있다.

왜 손톱을 물어뜯느냐고 툭하면 손톱을 물어뜯는 사람에게 물으면 대부분이 바로 또는 명확하게 대답하지 못한다. 오랜 기간이 지나는 동안 습관이 되어 의식하지 못하고 하는 행동이기 때문이다. 하지만 이런 소소한 습관이 성공과 실패에 영향을 미칠 수 있다는 것은 분명 하다.

손톱을 물어뜯는 사람을 예로 들어보자. 어떠한 습관이 들면 때와 장소를 가리지 않고 그 행동을 하기 때문에 아무리 중요한 사람을 만나는 동안이라도 자신도 모르게 손톱을 물어뜯게 될 것이다. 그러면 초조해 보인다거나 더러워 보인다는 등의 좋지 못한 인상을 남기게 되고, 그로인하여 좋은 인연을 맺지 못할지도 모른다. 나쁜 습관 하나가 인간관계에 안 좋은 영향을 미치고 더 나아가 좌절하게 만들 수도 있는 것이다.

그렇다면 이런 나쁜 습관에서 헤어날 수 있는 구체적인 방법은 없을까? 습관이 나도 모르는 사이 몸에 스며든 것이라면 반대로 생각하면 나도 모르게 몸에서 빠져나가게 할 수도 있지 않을까? 생각해 본다.

- 나쁜 습관을 가지고 있다는 사실을 인식하고 고치기 위해 조금만 노력하라.
- 소소한 습관이 성공과 실패에 영향을 미칠 수 있다.
- 나쁜 습관 하나가 인간관계에 안 좋은 영향을 미치고 더 나아가 좌절하게 만들 수도 있다.

# 낡은 습관 버리고
# 새로운 습관 만들라

습관을 고친다는 의미는 낡은 습관을 버리고
새로운 습관을 받아들인다는 뜻이다.

습관을 고친다는 의미를 다시 말하면 낡은 습관을 버리고 새로운 습관을 받아들인다는 뜻이다. 생각만큼 쉬운 일은 아니지만 그러고자 할 의지와 노력만 있다면 그렇게 힘들지도 않다. 또 습관도 습관 나름이라고 아주 고치기 어려운 습관이 있는가 하면, 조금만 노력해도 고치기 쉬운 습관이 있다.

담배가 건강에 얼마나 해로운지는 누구나 알고 있다. 그렇기 때문에 흡연자들은 담배를 피우면서도 항상 끊겠다고 마음먹지만 금연에 쉽게 성공하지 못한다. 그런데 무척이나 강한 충격을 받게 되면 낡은 습관을 버리고 새로운 습관을 익힐 수 있다.

예를 들어 "당장 담배를 끊지 않는다면 얼마 못 가 죽을지도 모릅니다."라는 극단적인 말을 의사가 방송에 나와 한다면 금연자의 많은 수가 증가할 것이다. 물론 의사가 당장 내일 죽는다고 말하더라도 끊지 못하는 사람이 있을 수도 있다. 하지만 이는 극소수에 불과할 것이라 생각한다. 이처럼 강한 충격을 받고 독하게 마음을 먹어야 습관을 바꾸기 쉽다.

아래에 있는 과정을 단계별로 실행하면 새로운 습관을 받아들이는 일이 보다 쉬워질 것이다. 제일 먼저 여가 시간에 독서를 하는 습관, 해야 할 일을 기록하는 습관 등 새로 들이길 원하는 좋은 습관을 하나 고른다. 그다음부터 각 단계별로 어떻게 해야 하는지 금연이라는 새 로운 습관을 갖기로 한 것을 예로 들어 알아보자.

1단계 : 꼭 담배를 피우지 않는 습관을 들이겠다고 생각한다.

2단계 : 다시 한 번 마음을 다잡는다. '이번 기회에 기필코 금연을 하고 말겠다.'라고 말이다.

3단계 : 주변 사람들에게 그 사실을 얘기하고 도움을 청한다. 또한 기존에 가지고 있던 담배를 모두 버린다.

4단계 : 담배를 끊고 난 후 건강해지면 얼마나 행복해질지 상상해본다. 새로운 습관을 들이기에 성공한 자신의 모습을 상상하는 것이다.

5단계 : 갑자기 다시 담배가 생각난다면 힘껏 소리친다. "나는 여기서 무너질 수 없다!"

6단계 : 5단계의 절차를 밟았음에도 불구하고 여전히 잘 안 된다면 낡은 습관에 무릎 꿇었을 때의 비참한 모습을 생각해본다.

7단계 : 마침내 낡은 습관을 버리고 새로운 습관을 들이는데 성공 했다면 "나는 나 자신과의 싸움에서 승리했다" 하고 소리친다.

낡은 습관을 새로운 습관으로 바꾸는 도중에 힘들 때면 포기하고 싶기도 할 것이다. 하지만 내가 가지고 있는 낡은 습관을 탈바꿈할 수 있는 사람은 나밖에 없다. 또한 그 습관이 나의 성공과 실패를 좌지우지 할 수 있는 것이라고 한다면 더욱 좋은 쪽으로 바꾸어야만 한다.

다른 사람과의 싸움에서 졌을 때보다 나 자신과의 싸움에서 졌을 때 자괴감은 더 뼈아프게 다가온다. 따라서 급히 서둘러 습관을 바꾸려다가 일을 그르치지 말고 조금 오래 걸리더라도 굳은 의지를 가지고 실행해야 할 것이다.

● 강한 충격을 받고 독하게 마음을 먹어야 습관을 바꾸기 쉽다.
● 습관을 고치는 과정을 단계별로 실행하면 새로운 습관을 받아들이는 것이 보다 쉬워진다.
● 내가 가지고 있는 낡은 습관을 탈바꿈할 수 있는 사람은 나밖에 없다.
● 습관이 나의 성공과 실패를 좌지우지할 수 있는 것이라고 한다면 더욱 좋은 쪽으로 바꾸어야만 한다.
● 급히 서둘러 습관을 바꾸려다가 일을 그르치지 말고 조금 오래 걸리더라도 굳은 의지를 가지고 실행해야 한다.

# 독선, 형식, 획일,
# 억압의 습관 버리기

관료주의는 조직을 안정적으로 이끌어갈지 모르나
창의력이 발휘될 수 있게 하지는 못한다.

우리는 보통 질서를 유지한다는 명목 하에 윗사람이 아랫사람을 통제하곤 한다. 이것은 가정에서든 사회에서든 그 어느 곳에서나 적용 된다. 오늘날에는 이런 현상이 적어졌다고는 하지만 아직까지 남아 있는 게 현실이다. 구체적인 예로 직장에서의 생활을 들 수 있다. 상사는 직위가 더 높다는 이유로 부하를 통제하려 한다. 권위를 내 세우면서 말이다. 이에 부하는 상사의 눈치를 보며 직장 생활을 할 수밖에 없다. 이러한 제도는 조직을 안정적으로 이끌어갈지 모르나 창의력이 발휘될 수 있게 하지는 못한다.

다음은 이런 관료적인 기업에 길들여진 직원들의 좋지 않은 습관이다.

첫째, 변화에 대한 두려움

자신이 이미 가지고 있는 권리에 영향이 미치지는 않을까 염려하기 때문에 기득권을 가진 고위 간부들은 새로운 변화를 두려워한다. 이 두려움이 계속되다 보니 완전히 굳어져 당연시되고 습관처럼 되어버렸고, 이 습관이 대물림되어 그다음 신입사원이 들어왔을 때도 똑같이 적용된다는 것이다. 그러나 환경이나 상황의 변화에 따라 사고방식이나 행동이 변하지 않으면 점차 퇴보되어 언젠가는 거대한 변화에 낙오가 될 것이다.

둘째, 근시안적 목표

목표를 세우는 것은 반드시 필요한 일이다. 그런데 단기간의 목표만 세우다 보면 먼 장래의 일을 내다볼 수 없게 된다. 기술이 빠르게 발전함에 따라 시장이 변하는데도 코앞에 있는 일만 급급하게 처리하고 단기 목표를 세우는 습관이 계속되면 선구자의 뒤만 쫓아다닐 수밖에 없다.

셋째, 전례에 대한 지나친 존중

다수결의 원칙이라는 말도 있듯이, 우리 사회에서는 나의 의견과 타인의 의견이 대립될 때 다수의 의견에 따르는 방법으로 문제를 해결 하는 것이 일반화되어 있다. 하지만 다수의 의견이 모두 정답이라고 할 수는 없다.

앞에서도 언급했던 것처럼 특히 직장에서는 예전부터 해왔던 방식, 즉 전례를 중시하기 때문에 이를 아무런 문제없이 받아들인다. 그러나 전례를 따르는 것에 익숙해지면 자신이 갖고 있던 창의력은 점차 없어지고 말 것이다.

넷째, 묻혀버린 사고력

사람의 사고력과 상상력은 무한에 가깝다고 한다. 하지만 대부분의 사람들은 자신의 생각하는 힘을 스스로 깊숙한 땅속에 묻어버린다. 게다가 많은 사람들이 스스로 생각하고 문제를 해결하려는 노력을 하지 않고 그저 맡은 일만 기계적으로 한다는 사실은 더욱 안타깝게 다가온다.

다섯째, 잃어버린 꿈

꿈이 있어야 사람이 발전할 수 있듯이, 비전이 있어야 조직도 발전 할 수 있다. 직원들이 장래를 계획함으로써 계속 발전하기를 바란다면 조직에서 먼저 그것을 제시할 수 있어야 한다. 꿈과 비전은 성공의 지표 역할을 하며, 설사 좌절하더라도 다시 일어설 수 있는 에너지가 된다.

　여섯째, 실속 없는 정보

　오늘날 우리는 정보의 바다에 빠져 있다. 도서관, 인터넷 등을 이용해 내가 원하는 정보를 쉽게 찾아볼 수 있는 것이다. 하지만 정보를 쉽게 찾았을 때와 달리 결과는 쉽게 나오지 않는다. 심지어 수집된 정보가 미처 활용되지도 못한 채 쌓여 있기만 한 경우도 많다.

　일곱째, 정도가 심한 경쟁심

　회사에서의 실적은 곧 승진과 연결된다. 반대로 좋지 못한 결과가 나오면 불이익을 받기도 하고 심한 경우에는 해고까지 당한다. 그렇기 때문에 좋은 아이템을 가지고 있어도 꼭꼭 숨기며 독차지할 뿐 동료와 함께 생각을 나누면서 더 좋은 방향으로 이끌 기회를 만들지 않는 것이다.

　이상 직장에서 생활하며 자연스럽게 길들여질 수 있는 나쁜 습관에 대해 나열해보았다. 이제는 이것이 아주 당연시되어 그대로 전수하고 전수받으며 행해지고 있다. 창의력을 기르기 위해서는 자신도 모르게 습관화된 고질적인 사고와 행동을 버려야 한다.

- 환경이나 상황의 변화에 따라 사고방식이나 행동도 변화시켜라.
- 단기간의 목표만 세우지 마라.
- 전례를 따르는 것에 익숙해지지 마라.
- 사람의 사고력과 상상력은 무한에 가깝다.
- 꿈이 있어야 사람이 발전할 수 있듯이, 비전이 있어야 조직도 발전할 수 있다.
- 오늘날 우리는 정보의 바다에 빠져 있지만 정보를 쉽게 찾았을 때와 달리 결과는 쉽게 나오지 않는다.
- 좋은 아이템을 발견하면 동료와 함께 생각을 나누면서 더 좋은 방향으로 이끌 기회를 만들어라.

# 피해야 할 습관은
# 과감히 버려라

피해야 할 습관을 가지고 있다면 미련 없이 버려야 성공할 수 있다.

사람에게 계속 좋은 일만 일어난다거나, 혹은 나쁜 일만 일어 난다거나 할 수 있을까? 그렇지 않다. 나쁜 일이 생기면 곧 좋은 일도 생기곤 한다.

이처럼 현재 상황이 좋지 않아도 곧 좋은 일이 생길 수 있다는 것을 알기 때문에 좌절하지 않고 오히려 전환점으로 생각하는 사 람들이 성공하는 것이다. 하지만 같은 경우에도 안절부절 못하고 심지어 아예 포기해 버리는 사람이 있다. 피해야 할 습관을 가지 고 있기 때문에 곤란한 상황을 해결하지 못하는 것이다. 피해야 할 습관을 가지고 있다면 지금부터라도 미련 없이 버려야 성공할 수 있다. 바로 아래와 같은 것들을 말한다.

첫 번째는 매사에 부정적인 생각을 하는 습관이다.
이 습관을 가지고 있는 사람들은 "나는 당연히 안 될 거야"와
같은 말을 너무 쉽게 한다.

두 번째는 모든 일에 예민하게 반응하는 습관이다.
이 습관을 가진 사람들은 조금의 실수도 용납하지 못한다. 그
냥 넘어가도 될 사소한 문제도 예민하게 받아들여 자기 자신은 물
론 타인까지 괴롭히는 것이다.

세 번째는 너무 급한 성질이다.
이 습관을 가진 사람들의 대부분은 조금만 느려도 답답해하
며 참지 못한다.

네 번째는 지나치게 완벽함을 추구하는 습관이다.
이 습관을 가지고 있는 사람은 자신뿐만 아니라 상대도 완벽
하기를 바란다. 상대의 일 처리가 제 눈에 들지 않으면 그냥 넘어
가는 법이 없다.

마지막은 걱정을 사서 하는 습관이다. 이 습관을 가진 사람들은 다리가 조금만 아파도 부러지진 않았을까 걱정하며 의사에게 진찰을 받는다.

이 다섯 가지 습관을 피하면 성공한 사람이 되는 것에 한 발짝 다가 설 수 있다.

### 좋은 습관

- 긍정적으로 생각하라.
- 모든 일에 예민하게 반응하지 마라.
- 조금은 여유를 가져도 좋다.
- 지나치게 완벽함을 추구하지 마라.
- 걱정을 사서 할 필요는 없다.

# 나의 사전에 포기라는
# 단어는 없다

성공을 좌지우지하는 것은 재능이 아니라 끈기다.

"앞으로 한 자만 더 파면 우물이 나올 텐데 파지 않고 낙담만 하고 있다."

옛날 명언에서 찾아볼 수 있는 구절이다. 30cm만 더 파면 물이 솟는 것을 볼 수 있을 텐데 그 직전에 포기하다니 얼마나 아까운 일인가. 이는 포기하는 그 순간이 바로 고지가 눈앞에 있는 때일지도 모르며 이때까지 들인 공이 모두 쓸모없게 되어버린다는 말인 것이다.

어떤 일이든 지속적으로 노력하면 이룰 수 있다. 성공을 좌지우지 하는 것은 재능이 아니라 끈기다.

그런데 일을 새로 시작하기란 쉽지만 그것을 포기하지 않고 끝을 내기란 그리 만만치 않다.

왜 그럴까? 싫증이 나버리거나 게으름 때문이다. 또한 난관에 부딪혀 포기하는 경우도 있을 것이다. 이렇듯 도중에 포기하는 이유는 다양하게 나타난다.

일을 처음 시작할 때의 상황과 기분을 유지하는 것이 얼마나 힘든지 알 수 있다. 오랫동안 한 가지 일에 공을 들이게 되면 자연히 피곤과 짜증을 느끼며 긴장이 풀어질 수밖에 없다. 예를 들어 운동 경기에서도 거의 끝났을 때 이기고 있으면 마음을 놓아버리고 만다. 그런데 그 순간 역전을 당하는 경우도 적지 않다. 승부의 세계에서는 이런일 이 흔히 있음을 누구나가 안다. 이것은 우리 인생의 도전에 있어서도 마찬가지다.

"모든 일의 결과는 끈기가 좌우한다. 마지막에 웃는 자는 끈기가 강한 사람이다"라는 말이 다시 한 번 와 닿을 것이다. 강한 끈기를 가진 사람이 되기 위해서는 자신을 계속 다그쳐야 한다. 마지막 순간에 역전을 당하지 않기 위해 힘들어도 꾹 참고 계속하는 일이 무엇보다 중요한 것이다.

한 유명 인사의 이야기를 보자. 그는 매일 새벽 4시에 일어나 편안 하게 마음을 가다듬고 오늘 할 일을 구체적으로 생각한 후 운동을 한다고 한다.

어쩌다 예상치 못한 일이 생겨 생활 패턴이 깨지더라도 이것만은 빼먹지 않는다. 이렇게 생활한지 벌써 15년 정도가 되었다고 하는데 하루도 빼먹지 않고 매일 한다는 것은 정말 감탄할 만한 일이다.

### 좋은 습관

● 어떤 일이든 지속적으로 노력하면 이룰 수 있다.
● 오랫동안 한 가지 일에 공을 들이더라도 긴장을 풀지 마라.
● 강한 끈기를 가진 사람이 되기 위해서는 자신을 계속 다그쳐야 한다.
● 일단 한 번 마음을 먹었다면 하루도 빼먹지 말고 실행하라.

# 망설이지 말고
## 결단을 내려라

결단이란 한쪽을 과감히 버리고 다른 한쪽을 선택할 수 있는 용기다.

---

수영을 배울 때 무서워하며 발을 바닥에 계속 붙이고 있는 사람이 있다. 그러면서 발을 뗄 시도조차 하지 않는다. 무섭더라도 마음을 굳게 다지고 발을 떼어야만 물에 뜰 수 있고, 또한 원하는 방향으로 수영을 할 수 있는데도 말이다.

이 이야기를 계속 곱씹어야 할 사람이 바로 우유부단한 사람이다. 우유부단한 사람은 아마 실패할 것이라고 미리 단정 짓고 앞으로 한 발짝 나아가려고 하지 않는다. 여간해서는 용기를 내지 못하는 것이다.

괴테가 "이 세상에서 가장 불행한 자는 우유부단한 인간이다."

라고 단언했던 것처럼 실패를 무서워해서는 안 된다. 이는 "어떤 행동을 실행하여 실패하는 것보다도 자신의 우유부단한 습관 쪽을 두려워 하라"는 그의 다른 말과도 통한다. 이렇듯 결단을 내리지 못하면 두 마리의 토끼를 쫓다가 한 마리도 잡지 못하는 꼴이 될 수도 있다.

결단이란 한쪽을 과감히 버리고 다른 한쪽을 선택할 수 있는 용기다. 결단력이 있는 사람은 무슨 일에서든 어떻게 할지 결정하면 일단 그것을 실행하는데 최선을 다한다. 내가 결정한 일이니 반드시 성공할 것이라고 믿으며 오로지 앞만 보고 달리는 것이다.

우리가 부여받은 시간은 한정되어 있다. 그런데 어떤 비법을 가지고 있으면 이 한정된 시간 속에서 나의 수많은 꿈을 이루는 것이 좀 더 수월해질 수 있다. 결단이 바로 그 비법이다.

반대로 무의미하게 이리저리 왔다 갔다 하는 것은 장애물이 될 뿐만 아니라 아까운 시간만 버리게 한다. 또한 우유부단한 습관은 주변에도 영향을 미친다. 우유부단한 사람이 상사인 직장의 분위기는 밝을리 없다. 이는 가정에서도 마찬가지다. 따라서 '실패하면 어떡하지?'라는 부정적인 생각을 미리 하지 않는 것이 좋다. 일어나지도 않은 일을 걱정하는 대신 그 시간에 더 노력하면 성공에 한 걸음 더 다가 설 수 있을 것이다. 그리고 애초부터 도망 갈 길은 없다고 생각해야 한다. 도망 갈 길을 생각한다는 것은 이미 실패를 예상하는 것이기 때이다.

 좋은 습관

- 실패를 무서워해서는 안 된다.
- 내가 결정한 일이니 반드시 성공할 것이라고 믿으며 오로지 앞만 보고 달려라.
- 결단력을 가지고 있으면 이 한정된 시간 속에서 나의 수많은 꿈을 이루는 것이 좀 더 수월해진다.
- 일어나지도 않은 일을 걱정하는 대신 그 시간에 더 노력하라.
- 애초부터 도망갈 길은 없다고 생각하라.

# 게으름은 실패를
# 불러 온다

게으름은 성공으로 가는 길에 놓인 심각한 장애물이 될 수 있으며
당신을 실패로 이끌어가는 적이다.

사람이라면 누구나 피곤할 때도 있고 귀찮을 때도 있다. 하지만 거의 매일, 모든 일에 귀찮아한다면 이는 습관이 된 것이라 할 수 있다. 그런데 우리는 보통 자신의 게으름을 인식하지 못하게 마련이다. 혹여 주위 사람이 지적해준다 하더라도 그것은 자신에 대한 그릇된 생각이라면 무시해버린다. 하지만 그러다가는 언젠가 된통 당할지도 모르니 조심해야 한다.

게을러지기 쉬운 때는 자신의 적성에 맞지 않는 일이나 생소한 일을 해야 할 때다. 성공을 위해서라면 무슨 일이 있더라도 맡은 바에 최선을 다하려고 노력해야 하지만 그렇게 하는 사람은 별로 없다.

게으름은 확실히 안 좋은 습관 중 하나다. 성공으로 가는 길에 놓인 심각한 장애물이 될 수 있으며 당신을 실패로 이끌어가는 적인 것이다. 이러한 게으름을 극복하는 것은 자기 자신과의 싸움이다. 자신을 통제할 수 있는 원칙을 세우고 열심히 이행하는 것이다. 그렇다면 이것을 좀 더 구체적으로 예를 들어 살펴보자.

게으른 한 청년이 어느 날 부잣집 딸과 결혼하게 되었다. 그런데 결혼을 한 후 그 게으름이 더욱 심해졌다. 그의 게으름은 장인이 CEO로 있는 자신의 일터에서도 문제를 일으켰다. 항상 지각을 하는 것은 물론 맡은 일을 부하 직원에게 시키고 놀러 다니기 일쑤였던 것이다. 장인은 그의 행동을 지켜보다가 마침내 다음과 같이 말하고는 해고해버렸다.

"자네 같은 사람을 계속 밑에 두었다가는 이 회사는 10년도 못 가서 문을 닫을 거야. 게다가 자네 가족까지 입에 풀칠하며 살겠지."

기분이 상한 그는 당당하게 회사를 그만두었고, 쉽게 다른 회사에 취직할 수 있을 것이라 생각했지만 마음처럼 되지 않았다. 반년 동안 헤매다가 결국은 장인 앞에 무릎을 꿇고 앞으로는 잘하겠으니 한 번만 봐달라고 했다. 그러면서 어떻게 하면 게으름을 고칠 수 있는지 물어보았다. 그러자 장인은 다음과 같은 네 가지 방법을 가르쳐주었다.

첫째, 출근 시간의 10분 전에 출근한다.

이 10분은 자신을 위한 시간으로 사용한다.

둘째, 일을 시작하기 전 오늘 자신이 해야 할 일을 메모해서 정리한다. 또 수시로 그 메모를 보면서 계획대로 하고 있는지 반성한다.

셋째, 점심시간도 알차게 써보려고 노력한다.
또 휴식을 너무 과하게 취하지 않는다.

넷째, 현재 가장 중요한 일이 무엇인지 판단하고 그것을 빠르고 완벽하게 마치려고 노력한다.

맡은 일을 훌륭하게 처리하지 못하면 그 다음으로의 발전도 힘들기 때문이다. 청년은 장인이 가르쳐준 네 가지 방법을 항상 가슴에 새기며 이행 했고, 그 결과 잘살 수 있게 되었다.

### 좋은 습관

- 게으름에 언젠가 된통 당할지도 모르니 조심해야 한다.
- 게으름을 극복하는 것은 자기 자신과의 싸움이다.
- 자신을 통제할 수 있는 원칙을 세우고 열심히 이행해야 한다.
- 게으름을 고칠 수 있는 방법을 가슴에 새겨라.

# 말과 행동을
# 같게 하라

말과 행동이 따로 논다면 상대에게 호감을 주지 못한다.

말을 할 때 어떤 단어로, 어떤 어조로, 어떤 행동을 더 하는 것이 좋은지를 연구한 대표적인 사람은 버그만이다. 그는 말을 할 때 그냥 하는 것보다 적절한 행동 따위를 더하는 것이 더 큰 효과를 불러온다고 주장했다.

이렇듯 상대에게 좋은 인상을 심어주기 위해서는 어떻게 말하는지가 상당히 중요하다고 할 수 있다. 혹시라도 위에서 언급한 요소 중 하나라도 어긋나 버리면 상대는 나의 말을 잘못 받아들이게 될지도 모른다. 다시 말해 내가 그렇게 의도하지 않았는데도 상대는 내가 의도 하지 않은 대로 말을 해석해 나를 오해하게 될 수도 있다는 것이다. 그런데 사람은 자신이 한 번 눈으로 보고 귀로 들은 것을 그대로 믿어버리기 마련이다. 그리고 이것을 바꾸는 일은 결코 쉽지 않다는 것이 문제다. 또한 우리는 보통 상대와 대화를 할 때 그 내용보다는 보디랭귀지나 어조에 주목하게 마련이라는 로버트 로센탈(하버드 심리학교수)과 벨라 디파울로(캘리포니아 심리학교수)의 연구 결과도 있다. 전화로 통화할 때보다 직접 만나서 이야기하는 것에 더 큰 효과가 있다는 것만 봐도 말보다 행동에 더 많은 힘이 있다는 것을 알 수 있다.

예를 들어보자. 어느 회사에 오랫동안 다니면서 말단 사원부터 시작해 과장까지 승진해온 남자가 있다. 어느 날 그는 조직 내에 자신을 마음에 들어 하지 않는 사람들이 있다는 것을 알고, 차장을 넘어 부장까지 승진하겠다는 계획을 세운 자신에게 그들이 걸림돌이 되지는 않을까 염려한다. 그래서 한 상담실에 찾아가 동료들이 자신을 왜 미워하는지 모르겠다며 상담을 요청했다. 그러면서 혹시 그들이 승승장구하는 자신을 질투하는 것이 아닐까 하는 의견을 상담원에게 피력했다.

하지만 상담원은 조금 다르게 느꼈다. 상담원이 봤을 때 그는 처음 상담실에 들어오자마자 무례할 만큼 다짜고짜 다가와 자신의 이야기를 털어놓는 등 상대의 입장을 전혀 고려하지 않는 듯싶었다. 그런데 말로는 동료와의 협동이 중요하다든지 상대의 입장에서 먼저 생각해 보아야 한다든지 하는 이야기를 늘어놓았다. 상담원은 그가 언행일치하지 않는다는 것을 알게 되었고 그가 한 번이라도 자신이 이야기한 대로 실천한 적이 있었는지 궁금해졌다. 아랫사람들과 많은 대화를 나누는 것이 무엇보다 중요하다고 했지만 사실은 제멋대로 하고 자신의 마음에 들지 않으면 꾸중하기 바빴을 것이다. 그럼에도 불구하고 그는 자신이 올바른 생각을 가지고 있고 지극히 잘하고 있다며 착각 하고 있었다. 번지르르하게 입만 놀릴 뿐 그것을 전혀 행동으로 옮기지 않았는데도 말이다.

상담원은 이와 같이 사실을 차근차근 일러주었고 남자는 멋쩍어하며 돌아 갈 수밖에 없었다.

대화라는 것은 나와 상대가 말 외에 행동까지 보태면서 서로를 최대한 이해하려고 노력할 때 원만하게 될 수 있다. 말과 행동이 따로 논다면 상대에게 호감을 주지 못한다는 분명한 사실을 기억해야 할 것이다.

## 좋은 습관

- 말을 할 때 그냥 하는 것보다 적절한 행동 따위를 더하는 것이 더 큰 효과를 불러 온다.
- 상대에게 좋은 인상을 심어주기 위해서는 어떻게 말하는지가 상당히 중요하다.
- 말보다 행동에 더 많은 힘이 있다.
- 대화라는 것은 말 외에 행동까지 보태면서 서로를 최대한 이해하려고 노력할 때 원만하게 될 수 있다.

# 썩은 물에 깨끗한
# 물을 부어라

천천히 나쁜 습관을 좋은 습관으로 바꾸도록 하자.

앞에서도 이미 여러 번 언급했듯이 사람은 누구나 버릇을 가지고 있다. 이는 어렸을 때부터 몸에 밴 것이다. 점점 자라면서 나쁜 습관은 고치려고 노력하겠지만 오랫동안 지속되어 오던 것이 일시적으로 해결될 리 없다. 습관이 되기까지 걸린 시간만큼 고치는 것에도 똑같은 시간과 노력이 필요하다. 하지만 성공하기 위해서라면 참을 수도 있지 않을까?

물이 가득 들어 있는 항아리를 예로 들어보자. 그 안은 나쁜 습관이라는 썩은 물로 가득 차 있다. 그런데 거기에 좋은 습관이라는 깨끗한 물을 조금씩 부어가다 보면 썩은 물은 어느새 맑은 물로 변해 있을 것이다.

우리도 위의 예처럼 천천히 나쁜 습관을 좋은 습관으로 바꾸도록 해야 한다. 그렇게 하지 못한다면 성공으로 가는 길은 아득히 멀어진다.

성공에 방해가 되는 나쁜 습관은 어떻게 고치는지, 성공을 위한 좋은 습관은 무엇인지, 그것을 어떻게 가질 수 있는지를 잘 알고 있다는 점이 성공한 사람들의 비결일 것이다. 성공하고 싶다면 한시라도 빨리 나쁜 습관을 버리고 좋은 습관을 가져야 한다.

### 좋은 습관

- 나쁜 습관이라는 썩은 물에 좋은 습관이라는 깨끗한 물을 조금씩 부어라.
- 성공한 사람들은 성공에 방해가 되는 나쁜 습관은 어떻게 고치는지, 성공을 위한 좋은 습관은 무엇인지, 그것을 어떻게 가질 수 있는지를 잘 알고 있다.
- 성공하고 싶다면 한시라도 빨리 나쁜 습관을 버리고 좋은 습관을 가져야 한다.

# 나쁜 습관을 고치는
# 노력이 필요하다

의식과 무의식을 모두 고려했을 때 습관을 고치는 것이 더욱 쉬워진다.

습관은 우리가 의식하지 못하는 무의식의 깊숙한 곳에 들어있으며 의식과 무의식이 공존하는 것이다. 따라서 이 둘을 모두 고려 했을 때 습관을 고치는 것이 더욱 쉬워진다.

먼저 내가 가지고 있는 나쁜 습관이 무엇인지 생각해 보고 그것을 고쳐야겠다고 마음을 먹는다. 그리고 그것을 종이에 기록한다. 기록을 하는 동안 다시 한 번 나의 나쁜 습관이 무엇인지 인식할 수 있기 때문에 매우 큰 효과를 볼 수 있다.

나쁜 습관을 가진 이들 중 대부분은 자신이 나쁜 습관을 가지고 있다는 것을 인식하지 못한다. 설사 인식하고 있다고 하더라도 그것이 어떻게 자신에게 나쁜 영향을 미치는지 까지는 알지 못한다. 따라서 나쁜 습관을 종이에 적어 눈으로 다시 한 번 확인한 후 이것이 나에게 얼마나 나쁜 영향을 주는지 생각하는 것의 효과는 상당하다.

습관은 무의식과 의식이 공존하는 것이라고 다시 한 번 생각하면서 예를 들어보자. 다른 사람과 통화를 할 때 자신도 모르게 목소리가 커지는 사람이 있다. 이때 자신이 통화할 때의 목소리가 크다는 것을 인식하기 시작하면 목소리를 낮출 수 있다. 무의식적인 행동을 의식으로 고칠 수 있게 되는 것이다. 무의식적으로 손톱을 깨무는 경우도 마찬가지다. 무의식적인 행동을 의식적인 행동으로 바꾸는 것이 중요하다. 손톱을 깨무는 순간 '아, 내가 또 손톱을 깨물고 있구나' 하며 의식 하고 그러지 않겠다는 다짐을 다시 한 번 한다. 이처럼 나도 모르게 하는 습관적인 행동을 고치는 것은 그리 어렵지 않다. 그저 먼저 의식만 하면 되는 것이다.

작심삼일도 100일 동안 반복하면 습관이 된다는 말이 있다. 당장 고쳐지지 않는다고 좌절하지 말고 무의식을 의식으로 바꾸기 위해 끈질기게 노력하는 것이 중요하다.

- 나쁜 습관을 종이에 적어 눈으로 다시 한 번 확인하라.
- 나쁜 습관이 나에게 얼마나 나쁜 영향을 주는지 생각하라
- 작심삼일도 100일 동안 반복하면 습관이 된다.
- 고쳐지지 않는다고 좌절하지 마라.
- 무의식을 의식으로 바꾸기 위해 끈질기게 노력하는 것이 중요하다.

part 02

# 지금부터 나를
# 바꿔야 한다

# 밝은 모습으로
# 인사를 나누어라

인사를 하면 서로의 기분이 좋아질 수 있고
또 그것을 통해 좀 더 가까워질 수 있다.

그렇게 친분이 있지는 않지만 누구인지 정도는 알고 있는 사람이 멀리서 내 쪽으로 다가오고 있다고 가정해보자. 그럴 때 나는 그 사람에게 "안녕하세요?"라며 먼저 인사를 반갑게 할 수 있을까?

왜 우리는 인사를 하는 것일까? 단순히 예를 차리기 위해 하는 행동만은 아니다. 인사를 하면 서로의 기분이 좋아질 수 있고 또 그것을 통해 좀 더 가까워질 수 있기 때문이다. 하지만 우리는 다른 사람에게 선뜻 먼저 말을 붙이거나 인사를 하는 것에 인색하다.

하지만 어떤 사람이 웃으며 친근하게 "안녕하세요?" 하고 인사를 했을 때 그것을 받고도 무시하는 사람은 그리 많지 않다. 같이 웃으며 답례를 해주게 마련인 것이다.

집이나 학교, 직장에서처럼 매일 보며 함께 지내는 사람일지라도 먼저 기분 좋게 인사를 해보자. 거기에 상대가 즐거워할 만한 칭찬도 함께하면 더욱 좋다. 예를 들어 아침에 제일 먼저 일어나 가족들의 아침을 준비한 엄마에게 "안녕히 주무셨어요? 오늘 반찬은 정말 최고네요"라고 한다면 아침 일찍 일어나느라 힘들었던 엄마에게 활력소가 될 수 있다. 그리고 엄마는 앞으로 더욱 맛있는 밥을 차려줄 것이다.

어떤 사람이 거래처와의 계약을 성사시키기 위해 출장을 갔다가 혼자서 술집에 들어가게 되었다. 그런데 자리가 꽉 차 있는 것이 아닌가. 할 수 없이 발길을 돌리려던 차에 혼자 앉아있는 사람을 발견하고 마침 잘됐다 싶어 말을 붙였다.

"저도 혼자인데 같이 한잔하시는 게 어떨까요?"라고 말이다.

먼저 앉아 있던 사람은 좋다며 고개를 끄덕였다. 그렇게 서로의 고향이 어디인지에서부터 시작해 깊은 이야기를 나누며 두 사람은 원래 친한 친구 사이였던 것처럼 가까워졌다. 그런데 알고 보니 같이 술을 마셨던 그 사람이 거래처의 간부 중 한 명이었다.

계약을 성사시키기 위해 멀리 출장까지 왔던 그는 술집에서 모르는 사람에게 말을 건넨 것 덕분에 성공적으로 일을 끝마치고 돌아갈 수 있었다.

내가 먼저 친근하게 인사하면 상대방도 같이 호감을 표시하곤 한다. 일을 하다 보면 언젠가 사람을 대하는 경우도 많이 생기기 때문에 이 자세는 꼭 필요하다. 조금 쑥스럽고 어색할지라도 친절하게 먼저 인사하려고 노력하라. 뜻밖의 행운이 찾아올지도 모르니 말이다.

### 좋은 습관

- 인사는 단순히 예를 차리기 위해 하는 행동만은 아니다.
- 집이나 학교, 직장에서처럼 매일 보며 함께 지내는 사람일지라도 먼저 기분 좋게 인사를 하라.
- 내가 먼저 친근하게 인사하면 상대방도 같이 호감을 표시한다.
- 일을 하다 보면 언젠가 사람을 대하는 경우도 많이 생기기 때문에 인사는 꼭 필요하다.
- 조금 쑥스럽고 어색할지라도 친절하게 먼저 인사하려고 노력하라.

# 고마움의 표현에
# 익숙 하라

항상 고마움을 잊지 않는 자세로 모든 것에 임하라.

"고맙습니다" 같은 말을 하는 것을 어색해 하면 안 된다. 어떤 사람에게 도움을 주고도 인사 한마디 듣지 못해 기분이 상했던 적이 누구나 있을 것이다.

그만큼 우리는 상대에게 고마움을 표현하는 것에 짜다. 그 표현을 한다고 해서 손해를 보는 것도 아닌데 말이다. 예전부터 이와 같은 표현을 자주 하지 않은 것이 그 원인이 될 수 있다. 따라서 어색하더라도 계속하려고 노력해야 인사하는 습관도 들일 수 있다.

고맙다는 말은 상대를 으쓱하게 만들어주고 덩달아 분위기까지 부드럽게 전환시킬 수 있는 용어다. 아침에 기상해서 밤에 잠자리에 들때까지 우리는 과연 하루에 몇 번이나 고마움을 표현할까? 생각해본 적이 없다면 지금부터라도 얼마나 표현을 많이 했는지 꼽아보라. 아마 그리 많지 않을 것이다. 그나마 서비스업에 종사하는 사람들은 고맙다는 말을 입에 달고 살겠지만 그렇지 않으면 고마움을 표현하는 일이 드물다는 것이 문제다.

고마움을 표현하는 일은 언제 어디서나 필요하다. 예를 들어 무사히 하루하루를 보내고 있는 것에도, 당연한 것으로 여기는 부모님의 보살핌에도 고마워해야 한다. 물건을 사고 팔 때도 점원은 당신네 가게의 물건을 사준 손님에게 고마워해야 하고 손님 역시 필요한 물건을 제공해준 점원에게 고마워해야 하는 등 고마움의 표현은 살아가는 동안 매 순간마다 필요한 것이라 할 수 있다.

또 고맙다는 말을 사용하면 서로 친숙함을 느낄 수 있다. 고마움을 표현하는 것에 녹록한 사람의 주위는 항상 발 디딜 틈이 없다. 아무리 가까운 사이라도 고마움을 표현하는 것에 인색하지 말자. 나의 주위가 서서히 달라질지도 모른다. 주변 사람들에게 '혼자서 잘된 줄 아나 봐'라는 판단을 내리게 한다면 정말 혼자가 될 수도 있다는 것을 기억해야 할 것이다. 항상 고마움을 잊지 않는 자세로 모든 것에 임하라.

**좋은 습관**

- 고마움을 표현하는 것에 어색해 하지 마라.
- 고맙다는 말은 상대를 으쓱하게 만들어주고 덩달아 분위기까지 부드럽게 전환시킬 수 있는 용어다.
- 고마움을 표현하는 일은 언제 어디서나 필요하다.
- 고맙다는 말을 사용하면 서로 친숙함을 느낄 수 있다.
- 고마움을 표현하는 것에 녹록한 사람의 주위는 항상 발 디딜 틈이 없다.

# 먼저 베푼 친절은
# 반드시 되돌아 온다

다른 사람에게 베푼 것은 나에게 다시 되돌아온다.

남에게 친절을 베푸는 그 자체가 좋다기보다는 친절을 베풂으로써 자신이 높은 평가를 받는 게 좋다는 뜻일 것이다. 또 '내가 이만큼 친절을 베풀면 저 사람도 똑같이 해줄 거야'라는 생각을 가지기도 하는데 이것이 과연 옳다고 할 수 있을까? 진심이 없는 친절은 티가 나게 마련이다. 따라서 친절을 베풀 때는 진심을 가지고 하는 것이 중요하다.

베푼다는 것을 너무 어렵게 생각할 필요도 없다. 부자라면 재물로힘든 사람을 도와줄 수도 있겠지만 그렇지 않고 뒤에서 뛰어오는 사람을 위해 엘리베이터를 잠깐 잡아주는 등 사소한 것만으로도 충분 하다. 진정한 친절은 좌절해서 힘들어하는 사람에게 따뜻한 위로를 해주는 것 같은 진심이 담긴 친절이다. '다른 사람에게 베푼 것은 나에게 다시 되돌아온다'는 문장을 머릿속에 각인시켜야 한다.

그런데 타인을 헐뜯고 흉보는 것을 즐기는 사람도 있다. 다른 사람을 깎아내리면 내가 그만큼 올라갈 수 있으리라 착각하는 것이다. '사람은 타인에게 좋은 일이 생겼을 때 함께 좋아하기도 하고 한편으로는 시기하기도 한다. 사람은 이처럼 양면의 모습을 가지고 있다'라는 글귀를 봐도 사람에게 악한 본성도 존재한다는 것을 확인할 수 있다.

그러나 이 모습을 그대로 드러낸다면 나의 성공에 걸림돌이 되고 만다. 내가 싫은 소리를 했을 때 듣고 있는 사람이 아무렇지도 않다는 듯 티를 내지 않을 수도 있다. 하지만 속마음은 그렇지 않을 것이다. 다른 사람을 비하할 줄만 아는 몹쓸 사람이라고 여길지 모른다. 따라서 다른 사람에게 친절을 베풀면서 좋은 인상을 심어줘야 신임을 얻을 수 있다. '다른 사람을 욕하면 나도 욕볼 수 있다'는 말을 마음속에 새겨라.

● 친절을 베풀 때는 진심을 가지고 하는 것이 중요하다

● 베푼다는 것을 너무 어렵게 생각할 필요는 없다.

● 타인을 헐뜯고 흉보는 것을 즐기지 마라.

● 다른 사람을 깎아내리면 내가 그만큼 올라갈 수 있으리라 여기는 것은 착 각이다.

● 다른 사람에게 친절을 베풀면서 좋은 인상을 심어줘야 신임을 얻을 수 있 다.

● 다른 사람을 욕하면 나도 욕볼 수 있다.

# 칭찬은 주변을 행복하게
# 하는 에너지가 된다

우리는 칭찬하는 것에 인색하고, 그에 따라 더욱 칭찬을 듣고 싶어 한다.

직장에 다니는 사람이라면 "무슨 일을 이따위로 하나?", "이 것밖에 못 해?", "당장 때려치워"라는 말을 한 번쯤 들어보았을지 도 모른다. 윗사람에게 위와 같은 소리를 들으면 이번 기회에 확 그만둬야겠다고 다짐을 한다. 하지만 결국엔 꾹 참고 계속 일하는 사람이 대부분일 것이다.

우리는 상대방을 칭찬하는 것을 어색해 하기 때문에 그러한 일 이 있어도 잘 하지 않는다. 윗사람에게 가장 듣고 싶은 말을 조사 한 설문 조사의 1위가 '고생했어, 훌륭해', 2위가 '자네에게는 믿 고 일을 맡길 수 있어'라고 나왔을 정도다. 이를 통해서도 우리가 얼마나 칭찬하는 것에 인색하고, 그에 따라 얼마나 칭찬을 듣고 싶어 하는지 알 수 있다.

그렇다면 어떻게 칭찬하는 것이 좋을까? 어떻게 칭찬을 받느냐에 따라 나에게 미치는 영향력의 정도가 달라지기도 한다.

어느 정도 나이를 먹은 부인이 한 모임에 나갔는데 친구들이 "너는 어쩜 늙지를 않니? 비법 좀 가르쳐줘"라고 말한다면 그 부인은 기뻐할 것이다. 하지만 헬스클럽에서 젊고 멋진 트레이너에게 "저보다 동생이라 해도 믿겠는데요?"라고 들은 말이 친구들에게 들은 말보다 부인을 훨씬 더 기쁘게 할 것이다. 이 예를 보면 상대가 누구인지에 따라 칭찬을 들을 때의 기분이 배가 될 수도 있음을 알 수 있다.

하지만 칭찬을 많이 한다고 하더라도 어쩌다 보면 상대방의 기분을 언짢게 하기도 한다. 적절한 때에 칭찬을 하지 않고 아무 때나 남발한다면 칭찬을 받은 사람은 그냥 예의상 하는 말일 것이라고 생각하면서 칭찬을 반가워하지 않는다. 도리어 어떤 꿍꿍이가 있을지도 모른다고 생각하거나 빈말을 잘한다고 생각할 것이다.

칭찬을 많이 하는 것도 중요하지만 그 이유가 명확할 때 상대방은 더욱 기뻐할 수 있다. 예를 들어 그냥 막연한 "잘했어"보다 "이번 프레젠테이션 아주 멋졌어"라는 구체적인 칭찬이 상대방의 귀에 쏙 박힌다. 또 칭찬할 거리가 생기면 미루는 것보다 그때 바로 하는 것이 낫다. 나중에서야 며칠 전 얘기를 꺼내며 칭찬한다면 '아니, 왜 인제 와서……' 하며 그다지 달가워하지 않는다.

과정은 빼먹은 채로 결과만 가지고 칭찬을 하는 것도 문제라 할 수 있다. 결과도 물론 중요하지만 좋지 않게 나왔더라도 온 힘과 정성을 다했다면 칭찬받을 만한 것이다.

"괜찮아. 고생 했어"라고 말해준다면 다음번에는 더욱 힘내서 일을 할 것이고 좋은 결과도 얻을 수 있다. 하지만 "열심히 하면 뭐해? 결과가 이 모양인데!"라고 말한다면 꾸지람을 받은 사람은 더욱 기가 죽어 앞으로도 성과를 내기 힘들지도 모른다.

위의 방법을 참고해 칭찬을 한다면 그냥 하는 것보다 더 큰 효과를 얻을 수 있을 것이다.

**좋은 습관**

- 어떻게 칭찬을 받느냐에 따라 나에게 미치는 영향력의 정도가 달라진다.
- 무분별한 칭찬은 상대방의 기분을 언짢게 하기도 한다.
- 칭찬의 이유가 명확할 때 상대방은 더욱 기뻐할 수 있다.
- 과정은 빼먹은 채로 결과만 가지고 칭찬하지 마라.

# 성공은 미소가
# 큰 자산이다

고난은 언제 닥칠지 모르는 것이기 때문에 미소를
습관화할 수 있도록 연습해야 한다.

수백만 달러의 매출을 기록하고 있는 기업의 주인에 대한 이 야기를 보자. 그가 가난한 판매원에서부터 출발했다는 것을 알고 나면 누구나 놀랄 수밖에 없다.

이 기업가의 사무실을 찾은 사람들은 먼저 고급스러운 느낌에 매료 되곤 한다. 그렇지만 곧 책상 뒤의 벽에 붙어 있는 문구에 더 큰 관심을 보인다.

'미소를 지어라!'

손에 꼽힐 정도로 큰 기업을 가지고 있는 그가 자신의 사무실 정중앙에 이러한 문구를 걸어둔 것에는 그럴만한 이유가 있었을 것이다.

"제가 처음 이 일을 시작했던 약 30년 전에는 하루의 반 이상을 일하는 것에만 투자해야 했어요. 게다가 사무실조차 저희가 살고 있던 단칸방 한쪽에 차릴 수밖에 없었던, 극도로 열악한 환경에서 지냈습니다. 여름에는 뜨거운 사막 아래에 있는 것처럼 더웠으며 겨울에는 시베리아의 한복판에 있는 것처럼 추웠습니다. 저의 집사람은 그 단칸방 모퉁이에서 달랑 두 켤레밖에 없는 제 양말을 너덜너덜해질 때까지 기웠습니다. 대형 할인마트에서 계산원으로 일하고 있던 그녀의 얼마 안 되는 월급으로 월세를 내고 밥도 제대로 먹지 못한 때도 많았습니다.

그렇게 사태가 점점 더 악화되자 더 이상은 안 되겠다는 판단이 내려졌습니다. 그래서 저는 집사람에게 말했어요. 포기하자고 말입니다. 하지만 집사람은 반년만 더 노력해보는 게 어떻겠냐며 저를 다독였습니다. 제가 좌절하지 않을 수 있었던 건 모두 집사람 덕분이었습니다.

성공을 향해 가는 것은 무척 가파른 산길을 오르는 것과 같습니다. 아내는 넘어지더라도 포기하지 않고 계속 산을 오르다 보면 언젠가 정상에 설 수 있다고 생각했습니다. 그러고 나서 얼마 후 아내는 저에게 저 문구를 건넸습니다. 성공의 비결은 웃음에 있다는 뜻이었겠지요. 또한 너무 괴로워하지 말라는, 마음을 편하게 먹으라는 뜻이기도 했을 것입니다.

이 문구는 내 신경을 곤두서게 하는 이와 업무 문제를 얘기할 때 도움을 주었습니다. 문구를 보면 신기하게도 기분이 좋아졌고 마음이 차분 해졌습니다. 그 이후로는 실패한 일이 있어도 문구를 보며 마음을 다잡곤 했습니다. 이 문구가 나를 새로운 사람으로 거듭나게 한 것입니다. 이제는 다른 사람들로부터 매사에 자신감이 넘치고 쾌활하며 같이 일하고 싶은 사람이라는 평가를 받습니다. 그리고 자신이 있어야 성공에 한 발짝 더 다가서기 쉬운 법인데 이 말들은 나를 더욱 자신 있게 만듭니다. 내가 성공할 수 있었던 이유는 미소 짓는 것을 습관화 함으로서 자신 있고 쾌활한 사람이 되었기 때문인 것입니다.

앞으로도 계속 문구를 보며 미소 짓는 것을 실천할 생각입니다. 이쯤 되면 여러분도 이 문구가 나의 사무실 정중앙에 위치한 이유를 납득했을 테지요."

지금도 어디에서나 사람들이 그에게 성공의 비결을 물어본다면 그 는 이 사연을 들려줄지도 모른다. 고난은 언제 닥칠지 모르는 것이기 때문에 우리도 미소를 습관화할 수 있도록 연습해야 한다.

어떤 일을 추진하다가 난관에 부딪친다 하더라도 긍정적으로 생각해야 성공에 더 가까워질 수 있다. 웃어야 자신감도 더욱 생길 수 있다.

나를 압박하는 난관을 오히려 성공의 열쇠로 만들어야 할 것이다. 성공하기 위한 자신감을 기르려면 웃음으로 정서적 행복을 얻고 어려운 상황에 처해도 마음을 편히 가질 수 있어야 하며 실패했을 때도 좌절해서는 안 된다.

### 좋은 습관

- 미소를 지어라.
- 성공의 비결은 웃음에 있다.
- 난관에 부딪힌다 하더라도 긍정적으로 생각해야 성공에 더 가까워질 수 있다.
- 웃어야 자신감도 더욱 생길 수 있다.
- 나를 압박하는 난관을 오히려 성공의 열쇠로 만들어야 한다.

# 호감 가는 나의
# 매력을 갈고 닦아라

사람은 누구나 각각 다른 매력을 가지고 있다.

특별히 잘난 구석이 없는데도 왠지 모르게 호감이 가는 이유는 그 사람의 매력 때문이다. 사람은 누구나 각각 다른 매력을 가지고 있다. 그런데 그것을 콕 집어 무엇이라고 말하기 어렵기도 하다.

사회생활에서 매력은 중요한 요소로 작용한다. 아무리 사소한 것이라도 말이다. 매력으로 호감을 주는 사람은 호감을 주지 않는 사람보다 좋은 평가를 얻게 마련이다. 예를 들어 장사를 할 때도 물건을 사는 사람에게 호감을 주면 그렇지 않을 때보다 쉽게 팔 수 있다.

지금부터 나의 매력을 발견하고 그것을 계속 발전시킬 수 있는 방법을 알아보자.

매력적인 사람은 사회생활을 하면서 자신의 능력을 최대한 발휘한다. 자신이 맡은 일을 확실하게 해결함으로써 주위 사람들에게 신임과 호감을 얻는 것이다. 따라서 돈과 명예보다는 나의 능력을 최대한 발휘할 수 있는 일을 선택해야 한다. 돈을 아무리 많이 벌 수 있다 한들 일이 나의 적성에 맞지 않는다면 내 능력을 온전히 발휘할 수 없기 때문이다. 자신이 맡은 일을 성공적으로 마치고 그것을 통해 보람을 느끼는 사람이 바로 매력적인 사람인 것이다.

또한 매력적인 사람은 되도록 모든 것을 긍정적으로 생각하려고 노력한다. 이들은 "여건이 안 돼서 아이디어를 실현시킬 수 없다"고 툭하면 투정을 부리는 사람과 비교된다. 열악한 환경에서도 포기하지 않으면서 급기야 맡은 바를 성취하고 마는 사람의 사고방식과 열정은 가히 매력적이라 할 수 있다.

### 좋은 습관

- 왠지 모르게 호감이 가는, 매력적인 사람이 되어라.
- 사회생활에서 매력은 중요한 요소로 작용한다.
- 매력적인 사람은 사회생활을 하면서 자신의 능력을 최대한 발휘한다.
- 자신이 맡은 일을 확실하게 해결함으로써 주위 사람들에게 신임과 호감을 얻어라.
- 돈과 명예보다는 나의 능력을 최대한 발휘할 수 있는 일을 선택하라.
- 모든 것을 긍정적으로 생각하려고 노력하라.

# part 03

# 유연한 발상
# 전환하기

# 언제든 전환점을
# 생각하라

사람은 살면서 20년마다 한 번씩 새로운 전환점을 맞는다.

K라는 사람은 현재 책을 판매하는 일을 하고 있다. 그런데 그는 1년 전만 하더라도 일반 사무직에 종사했다. 또한 그보다 더 전에는 카페를 경영했었다. 이렇듯 그는 다양한 분야에서 일을 해본 경험을 가지고 있다. 하지만 한 발만 담그는 식으로 다양한 경험을 짧게 쌓는 것보다는 한 분야의 경력을 오랫동안 쌓는 것이 더 좋다. 일이 익숙해질 때 쯤 다른 곳으로 옮기는 것이 반복되면 나의 실력을 발휘할 틈도 없게 될 것이고 그에 따라 이룬 것도 그다지 많지 않을 게 뻔하기 때문이다.

현대사회에서는 이직이 쉽게 일어나고 있다. 새로운 업태와 회사가 계속해서 생겨나고 있기에 그러한 것이다. 게다가 뛰어난 사람을 더 좋은 조건으로 데려가려는 싸움도 치열하다.

사람은 살면서 20년마다 한 번씩 새로운 전환점을 맞는다는 이야기를 들어본 적이 있을 것이다. 그렇다면 지금부터 나의 전환점은 무엇이었는지, 또 앞으로는 무엇이 될지 고민해 보자.

우리는 보통 학교 공부를 마치면 직장에 나가게 된다. 대개 이것을 제일 처음의 전환점으로 맞는다. 취직해서 어느 정도 시간이 지나면 새로운 생활 습관과 회사의 업무에 적응한다.

그런데 '이 일은 나의 적성에 맞지 않다'며 고민에 빠지는 사람도 있다. 그러면서 내가 더욱 재미있게 할 수 있을 것 같은 일을 찾는 것이다 이때 바로 두 번째 전환점을 맞는다. 그리고 보통 중년의 나이가 지나면 하고 있는 일의 전문가가 된다. 하지만 이때는 상사나 부하와의 마찰이 잦아지게 마련이다. 승진하겠다는 꿈을 꾸면서 노력했지만 더 이상은 가망이 없다고 판단하고 직접 사업을 벌일 생각을 하기도 한다. 이때 세 번째 전환점을 맞는다.

창업에 성공한 사람들의 말에 따르면 20대에 창업해 성공할 확률은 50%, 30대에는 40%, 40대가 넘어서면 10%밖에 되지 않는다고 한다. 이를 보더라도 20대에 첫 번째 전환점을 맞이하게 된다는 것을 알 수 있다. 따라서 20대에 어떻게 살아갈 것인지 구체적으로 정해놓는 것이 좋다. 그리고 나서 몇 번의 전환점을 거친 후

70~80세가 되어 그간 내가 살아온 인생을 되돌아보게 될 것이다. 그때 후회하지 않기 위해서는 인생의 전환점에서 내가 어떤 선택을 했느냐가 상당히 중요하다.

**좋은 습관**

● 나의 전환점은 무엇이었는지, 또 앞으로는 무엇이 될지 고민하라.
● 지금부터 어떻게 살아갈 것인지 구체적으로 목표를 세우고 전진하라.
● 몇 번의 전환점을 거친 후 70~80세가 되면 그간 내가 살아온 인생을 되돌아보게 된다.
● 후회하지 않기 위해서는 인생의 전환점에서 내가 어떤 선택을 했느냐가 중요하다.

# 마음이 신체에
# 영향을 미친다

우리의 마음가짐은 신체에까지 영향을 준다.

《몸의 병은 마음 때문에 생긴다》라는 책을 쓴 한 의사는 자신의 책 속에 아래와 같은 글을 실었다.

어느 환자는 고등어만 먹으면 설사를 했다. 어느 날 그 환자에게 바륨(위나 장의 엑스선 촬영 시에 먹는 조경제)을 먹였다. 그런 다음 "환자분께서 드신 약에는 고등어 진액이 포함되어 있습니다"라고 말했다. 그 말을 들은 환자는 바로 화장실로 뛰어가고 말았다. 하지만 약속에는 고등어 진액이 포함되어 있지 않았다. 그럼에도 불구하고 환자는 설사를 한 것이다.

이 의사는 환자가 설사를 일으킨 이유가 일종의 공포심 때문이라고 했다. 이와 같은 사례는 다른 데서도 찾아볼 수 있다.

위궤양의 원인 중에는 마음고생도 있으며 자주 화를 내거나 흥분을 하면 위에 피가 몰린다는 실험 결과도 있다. 또한 특별한 이유 없이 심전도에만 문제가 있다고 나오는 환자도 있었다. 혹시 병에 걸린 것이 아닌가 수차례 검사를 해보았지만 다른 특별한 점은 발견되지 않았다. 그러던 어느 날 환자가 잠든 틈을 타서 심전도를 보았는데 웬일 인지 심전도에 아무런 이상이 없다고 나왔다. 이를 이상하게 여긴 의사가 환자가 깼을 때 다시 한 번 심전도를 쟀다. 그런데 그때는 또다시 문제가 있다고 나왔다. 이에 의사는 심전도를 잰다는 것을 환자가 인식함과 동시에 혹시 이상이 있지는 않을까 걱정하기 때문에 이러한 결과가 생긴 것일지도 모른다고 결론을 내렸다.

지금까지 들었던 사례를 보면 우리의 마음가짐은 신체에까지 영향을 준다는 것을 알 수 있다. 이처럼 성공을 위해서도 올바른 마음가짐을 지니는 것이 중요하다.

### 좋은 습관

- 성공을 위해서는 올바른 마음가짐을 지니는 것이 중요하다.
- 긍정적인 사고(思考)가 나를 성공으로 이끈다.

# 되돌아갈 길을
# 만들지 마라

물러설 곳이 없으면 앞으로 나아가는 수밖에 없다.

배수진이라는 말은 사전에 따르면 '강이나 바다를 등지고 치는 진'이라는 뜻이다. 강을 등지고 진을 치면 병사들은 물러날 곳이 없기 때문에 있는 힘껏 싸우게 되고 그에 따라 승리를 할 수 있다는 것이다.

이 말은 카이사르의 일화로 더욱 잘 알려져 있다. 보통 전쟁을 할 때는 전세가 불리해지면 도망갈 수 있도록 그 방편을 마련해놓게 마련이다. 그런데 카이사르는 자신의 군대와 영국이 전쟁을 막 시작하려 할 때 도망갈 수단을 준비해놓지 않았다. 오히려 대기하고 있던 배마저 불태워 버리라는 지시를 내렸다. 이 사실을 알게 된 카이사르의 군인들은 좌절하고 말았다.

'혹시라도 전쟁에서 지면 꼼짝없이 죽겠구나'라는 생각을 하면서 카이사르를 원망했다. 그러한 병사들에게 카이사르는 다음과 같은 이야기를 해주었다.

"뒤돌아서 갈 수 있는 길이 있다고 생각하면 절실해질 수 없게 된다. 앞으로 나아가는 길 외에는 방법이 없을 때 사람은 초인적인 힘을 발휘할 수 있다. 넘어져도 포기해서는 안 된다. 승산이 없다는 생각 따위는 필요 없다. 약해지면 아무것도 이룰 수 없다. 포기하는 순간 남는 것은 죽음뿐이라는 사실을 기억하고 싸움에 임하면 우리는 해낼 수 있다."

위의 이야기를 보고 말도 안 된다며 조소를 흘리는 사람이 있을 수도 있다. 하지만 위기에 처했을 때 오히려 초인적인 힘을 발휘해 성공할 수 있었다는 이야기는 이것 말고도 많이 있다.

예를 들어 어느 날 내가 지나치게 힘든 나머지 옴짝달싹도 못하고 집에서 쉬고 있다고 생각해보자. 그런데 이때 갑자기 집에 불이 났다 면나는 그래도 힘들다며 그대로 누워 있을 수밖에 없을까? 당연히 거의 모든 사람들이 있는 힘을 다해 집에서 도망쳐 나올 것이다. 즉, 아무리 불가능할 것 같아도 물러설 곳이 없으면 앞으로 나아가는 수밖에 없다.

또 다른 예를 보자. 우리는 보통 중환자실에 있는 환자들은 살

가망이 희박할 것이라고 생각하게 마련이다. 하지만 의외로 중병이 쉽게 낫는 경우도 있다. 어떤 수를 써도 살 가망이 보이지 않게 되면서 오직 자신의 생명력만 믿을 수밖에 없기 때문에 그러한 것이다. 어느 곳으로도 갈 수 없는, 다시 말해 배수진이 처진 상태가 되면서 자연치유 능력이 생기는 것이라고 할 수 있다. 이와 같은 사례들은 우리의 일상생활에서도 얼마든지 일어날 수 있다. 어떤 일을 맡았을 때 실패할지도 모른다는 생각을 미리 하면서 물러날 길을 찾는다면 정말로 그렇게 될 가능성이 커진다. 따라서 이것을 성공시키지 못하면 내가 설 수 있는 자리가 없어진다고 각오를 다져야 한다. 그렇게 하면 일을 성공시킬 확률은 더욱 높아질 수 있다.

**좋은 습관**

- 위기에 처했을 때 오히려 초인적인 힘을 발휘해 성공할 수도 있다.
- 배수진이 처진 상태가 되면 자연치유 능력이 생긴다.
- 어떤 일을 맡았을 때 실패할지도 모른다는 생각을 미리 하면서 물러날 길을 찾는다면 정말로 그렇게 될 가능성이 커진다.
- 성공시키지 못하면 내가 설 수 있는 자리가 없어진다고 각오를 다져라.

# 결과만 중요시
# 하지 마라

'어차피'라는 말은 사용해봤자 좋을 것이 없는 단어다.

한 체육 선생님이 다음과 같은 말을 했다.

"아이들에게 야구나 테니스와 같은 운동을 하게 했을 때 적극적인 자세로 임하는 아이들은 드물어요. 대부분 공을 잡기 위해 뛰어다니지 않습니다. 자신의 근처에 오는 공을 향해서만 살짝 손을 뻗을 뿐이랍니다."

이에 대해 학생들은 다음과 같이 이야기했다. "멀리 가는 공은 어차피 잡지도 못해요. 그런데 뭐하러 따라가요?" 이 말을 보면 이 아이들은 결과만 생각한다는 것을 알 수 있다. 최선을 다하는 그 과정은 깡그리 무시한 채 말이다. 어떻게 보면 일리가 있는 말 같기도 하지만 이러한 생각은 상당히 위험하다. 그렇게 따지면 "음식을 먹어봤자 어차피 다 소화될 텐데 뭐하러 먹나?"나 "어차피 죽을 테니 살 필요가 없다"는 말도 맞는 것이 되기 때문이다.

또 다른 예를 보자. 서커스에서 재주를 부리는 코끼리는 보통 때에는 체인에 묶여 생활을 한다. 체인이 연결되어 있는 말뚝은 허술하기 그지없어 코끼리의 힘으로는 아주 쉽게 뽑아버리고도 남는다. 하지만 코끼리는 탈출할 시도조차 하지 않는다. 어렸을 때부터 체인에 묶여 있던 코끼리는 그 시절 탈출하려고 애썼지만 불가능했기 때문이다. 그리고 자라서 뭍에 사는 동물 중 가장 커다란 덩치를 가지게 되었는 데도 '어차피'라고 생각하며 포기하고 마는 것이다. 그런데 이 이야기가 마냥 코끼리에게만 국한된 것이라고는 할 수 없다.

이와 같이 '어차피'라는 말은 사용해봤자 좋을 것이 없는 단어다. 따라서 다음과 같이 '어차피'라고 말하는 것에 습관이 들어버렸다면 한 시라도 빨리 고쳐야 한다.

"어차피 나는 안 돼."

"어차피 실패하고 말거야." "어차피 불가능한 일이야."

앞에서 말 했던 체육 선생님의 이야기를 다시 보자. 학교 운동장에서는 체육 수업을 받는 아이들이 준비운동으로 달리기를 하고 있다. 그러면서 아이들은 선생님의 구령에 맞춰 "하나, 둘"이라고 외친다. 이때 '어차피'라는 단어를 사용하면 구령에 맞춰봤자 힘만 더 들 뿐이라는 생각이 든다. "하나, 둘"이라고 외치는 힘을 달리는 것에 보태서 더욱 잘 달릴 수 있게 하는 것이 효율적이기 때문이다. 하지만 이렇게 구령에 맞추는 것 자체가 아이들에게 동기부여가 될 수 있다고 그 체육 선생님은 말한다.

### 좋은 습관

- 결과만 생각하지 마라.
- 최선을 다하는 과정도 중요하다.
- '어차피'라고 말하는 것에 습관이 들어버렸다면 한시라도 빨리 고쳐야 한다.

# 새로운 길을
# 개척하라

변화를 내가 먼저 받아들이지 않으면 성공하기 힘들다.

변화를 꾀하는 일은 성공하기 위한 한 가지 조건이 되었다. 세계화가 이루어짐에 따라 현대사회는 급격한 변화 속에서 헤엄치고 있다. 회사 같은 단체는 물론이고 개개인까지도 이러한 변화를 받아들이기 위한 준비를 해야 한다. 시대가 변화를 요구한다면 그 요구에 맞춰야 도태되지 않을 수 있는 것이다.

새로운 변화에 적응하지 못하고 혼자서 옛것만 고집한다면 기발한 생각을 가진 후배들에게 자리를 빼앗길 수밖에 없다. 또 현대사회에서는 단체보다 개인이 우선시되고 있다. 그에 따라 다른 사람들과 같은 능력을 가진 사람보다는 자신만의 특별한 개성을 지니고 있는 사람을 선호하게 되었다. 다른 사람과 협동해서 일을 해나가는 것 역시 중요하지만 거기에 개인의 능력이 중요시 되는 일이 더해지면서 다른 사람과의 성과 차이가 극명하게 드러나게 될 것이라는 말이다. '현대사회는 경쟁사회다'라는 말도 이 때문에 생겨났다고 할 수 있다. 따라서 현재 우리 사회는 각 분야의 새로운 전문가를 필요로 하고 있다. 즉, 변화를 내가 먼저 받아들이지 않으면 성공하기 힘들다.

케케묵은 습관에 얽매이지 말고 남들보다 한 발짝 더 앞서 나갈 수 있도록, 자신을 더욱 발전시킬 수 있도록 노력해야 한다. 이미 한 분야에서 성공했다고 하더라도 안주하지 말고 새로운 길을 개척해야 할 것이다.

### 좋은 습관

- 변화를 꾀하는 일은 성공하기 위한 한 가지 조건이다.
- 시대가 변화를 요구한다면 그 요구에 맞춰야 도태되지 않을 수 있다.
- 케케묵은 습관에 얽매이지 마라.
- 이미 한 분야에서 성공했다고 하더라도 안주하지 말고 새로운 길을 개척하라.

# 피할 수 없으면
# 즐겨라

일이 일어나기도 전에 사념에 빠지면 실제로 일이 그렇게 되어버린다.

뇌를 이루는 세포에는 사람의 몸 중에서도 가장 활발하게 혈액이 공급되고 있다. 몸을 많이 움직여 신체가 힘들더라도 뇌를 이루는 세 포에 깨끗하고 좋은 혈액이 공급된다면 우리들의 뇌는 쌩쌩할 수 있다. 그런데 우리가 우울해 하거나 두려워하는 등의 행동을 하면 뇌로 들어가는 혈액에 독소가 생기게 되어 뇌는 피곤해질 수밖에 없다. 따라서 뇌에 독소가 침입하지 않도록, 뇌가 편할 수 있도록 쓸데없는 사념에 빠지지 않는 것이 좋다. 일이 일어나기도 전에 사념에 빠지면 실제로 일이 그렇게 되어버린 다는 설이 있다. 예를 들어 '병에 걸리지는 않을까 두려워하는 것은 그 병에 걸리라고 고사를 지내는 것과 같다'는 것이다. 그러면서 '병에 걸린 사람과 가까운 사이일수록 병실에서는 멀어져야 한다'는 말도 생기게 되었다. 가족이나 친한 친구 등이 환자를 돌보면 오히려 좋지 않다는 것이다. 가까운 사이인 만큼 환자 걱정을 많이 하게 되고 그것이 표정에 드러나게 마련인데, 그러면 환자 역시 과도한 걱정을 하게 되고 더욱 불안해할 수밖에 없기 때문이다. 아플 때는 마음을 편히 가지는 것이 우선임에도 불구하고 그렇게 할 수 없게 된다. 그렇다면 이제 필자의 이야기를 예로 들어보겠다. 필자는 위장이 매우 약한 편이라서 툭하면 위장병에 걸리곤 했다. 심했을 때는 쌀 한 톨만 먹어도 위가 아팠고 설사가 끊이지를 않았다. 결국에는 아무것도 먹을 수 없는 지경에까지 도달했는데, 병원에 다니고 약을 먹으며 치료를 받았지만 약까지도 토해버리고 말았다.

지금 생각해도 정말 아찔한 경험이었다. 하지만 이제는 예전보다 많이 좋아졌다. 여러 가지 이유가 있겠지만 필자는 마음을 달리 가진 것이 건강해진 가장 큰 이유라고 생각한다. 몸은 마음을 어떻게 먹느냐에 큰 영향을 받는다는 것을 알고 이를 실천한 것이다. 곤란한 상황에 처하더라도 웃으며 넘길 수 있을 때 그것에서 빨리 헤쳐 나갈 수 있다는 사실을 잊어서는 안 된다.

 좋은 습관

- 뇌가 편할 수 있도록 쓸데없는 사념에 빠지지 마라.
- 몸은 마음을 어떻게 먹느냐에 큰 영향을 받는다.
- 곤란한 상황에 처하더라도 웃으며 넘길 수 있을 때 그것에서 빨리 헤쳐 나
  갈 수 있다.

# 위기를 기회로
# 만들어라

그럼에도 불구하고 더욱 할 수 있다는 믿음을 가져야 한다.

일본 관광을 하고 있던 어떤 사람이 어느 날 지인의 권유로 함께 스모 경기를 관람하게 되었다. 그런데 운이 좋게도 그가 앉은 자리는 경기장에서 제일 가까워 스모 선수들의 미세한 표정까지도 다 볼 수 있는 곳이었다. 그렇게 선수들의 표정까지 하나하나 관람하던 그는 놀라운 사실을 알게 되었다. 경기에 들어가기 전 선수가 어떤 자세와 표정을 하고 있느냐에 따라 이기고 지는 것이 결정된다는 것이었다. 경기가 시작되기 전 선수들의 자세를 유심히 관찰하던 그는 지인에게 이렇게 말했다.

"아마 오른쪽 선수가 이길 거야."

경기 결과는 그가 얘기했던 것과 일치했다. 몇 번이고 이 일이 반복되자 그의 지인은 경악할 수밖에 없었다. 물론 경기 전 선수의 자세와 표정으로 승패가 좌우된다는 것이 무조건 들어맞는다고는 할 수 없다. 하지만 얼마나 적극적으로 자신감 넘치는지가 경기에 어느 정도 영향을 끼친다는 사실은 분명했다. 이는 동작 하나하나에도 드러났다. 자신감이 넘치면 자연스럽게 동작에 더욱 힘이 들어가게 되고 상대를 쓰러뜨릴 수 있는 가능성이 높아진다. 그런데 예상치도 못한 순간에 져버리면 다잡았던 마음이 순식간에 흔들리고 만다. 하지만 그럼에도 불구하고 더욱할 수 있다는 믿음을 가져야 한다. 계속 마음을 다잡지 못하면 다음 경기까지도 망쳐버릴 수 있기 때문이다.

스모에만 이와 같은 일이 적용되는 것은 아니다. 경쟁 속에 둘러싸여 있는 우리 사회의 어느 곳에서도 적용될 수 있다고 생각한다. 직장 생활을 예로 들어보자. 내가 한다고 하는데도 생각만큼 성과를 내지 못하면 불안해질 수밖에 없다. 그런데 더군다나 이때 자신의 라이벌이 승승장구하기라도 한다면 불안함은 극에 달해 일을 더욱 망치게 된다. 이를 극복하지 못한다면 악순환에서 빠져 나오지 못할 것이다.

위기를 전화위복의 계기로 삼아 성공을 향해 한발짝 더 나아가는 사람도 있다. 가게에 손님은 없고 파리만 날리는 음식점을 예로 들어 보자. 왜 이렇게 손님이 없는지 반성해보고 마음가짐을 바꿔야만 재기할 수 있는 가능성이 커질 것이다. 음식의 맛이 별로이지는 않았는지, 손님에게 얼마나 친절하게 대했는지, 위생 상태는 어떠했는지 등을 되짚어보고 문제가 있었다면 그것을 역으로 이용해 고쳐 나가면 된다. 치부라고 여기며 무작정 가리는 것에만 급급할 것이 아니라 정 면으로 맞서는 것이 좋다.

우리가 살아온 역사를 돌이켜 생각해봤을 때도 사람은 전쟁이나 자연재해 같은 어려운 상황에 처하더라도 굴하지 않고 그것을 극복해 나갈 방법을 찾고는 했다. 이처럼 난국도 전화위복의 있을 것이다. 계기로 삼으려는 마음가짐을 지녀야 성공에 한 걸음 더 다가설 수 있을 것이다.

### 좋은 습관

● 마음을 다잡아라.
● 불안함이 극에 달하면 일을 망치게 된다.
● 위기를 전화위복의 계기로 삼아 성공을 향해 한 발짝 더 나아가라.

# part 04

# 자존감
# 높이기

# 신념의 위력을
# 명심하라

신념에는 일을 해내고자 하는 강한 추진력과
무한한 에너지도 뒤따른다.

내가 어떠한 일을 하기 위해 계획을 세울 때 그 일을 성공적으로 끝 마칠 수 있다는 굳건한 신념을 가진다면 그 신념이 나를 성공 가까이에 더 다가설 수 있도록 한다. 신념은 두려움을 용기로 바꾸어놓고 도전의식을 불태우게 하며, 이로 인해 자신의 한계를 극복할 수 있도록 도와주기 때문이다. 이러한 굳건한 신념을 가지기 위해서는 일단 자신을 믿어야 한다. 그런데 이때 믿는다는 개념은 단순히 어떠한 것을 믿는다는 것과 차원이 다르다. 어떠한 어려움이 있어도, 수없이 많은 좌절을 하더라도 끝까지 자기 자신을 믿어야 신념을 기를 수 있다.

신념은 엄청난 위력을 발휘한다. 아무리 어려운 상황에 처해도 '나는 할 수 있다'는 강력한 신념을 가지고 있는 사람은 그 문제를 언젠가 능히 해결해낼 수 있다. 신념에는 일을 해내고자 하는 강한 추진력과 무한한 에너지도 뒤따르기 때문이다.

이러한 강한 추진력과 무한한 에너지는 자신을 믿는 행위 자체에서 비롯된다. 따라서 믿음의 힘을 결코 사소하게 생각해서는 안 된다. 믿음이 정점에 도달했을 때 비로소 완전한 신념이 된다는 사실을 기억 해야 할 것이다.

신념을 가진다는 것은 어둠을 소탕하는 것과 다르지 않다. 마음 속에 자리잡고 있는 부정적인 생각이나 부담감을 몰아내야 한다는 것이다. 그리고 그 빈자리에 신념으로 생겨난 긍정적인 생각과 자신감을 쌓는다면 어떤 일이든지 성공적으로 마칠 수 있는 확률이 높아진다. 또한 이러한 신념을 계속해서 지켜나가다 보면 어느 순간부터는 그것이 습관이 되어 일부러 노력하지 않아도 될 것이다.

1903년 시카고에서 한 사내아이가 태어났다. 그의 이름은 레이크 록이었다. 어렸을 때 그는 보통 아이들과 마찬가지로 뛰어놀기 좋아 하는 명랑한 소년이었지만 고등학생 때부터는 가만히 자리에 앉아 시간의 대부분을 무언가를 곰곰이 생각하면서 보냈다. 공부에 별로 관심이 없던 그는 결국 고등학교 2학년 때 학교를 그만두고 생계에 뛰어 들기 위해 여러 가지 일을 했다.

근근이 살아가는 도중에도 레이는 돈을 많이 벌고 싶다는 꿈을 간직했다. 하지만 레이는 특별한 재능이나 마땅한 자본도 없었기 때문에 성공하는 것이 하늘의 별 따기만큼이나 힘들었다. 그는 중년의 나이가 다 되어서도 그저 평범한 가장에 불과했으며, 게다가 쉰을 넘기자 당뇨에 관절염이라는 병까지 찾아왔다. 하지만 그럼에도 불구하고 레이는 언젠가 자신이 꼭 성공할 수 있을 것이라는 확실한 신념을 잃지 않았다. 또한 어떠한 일을 맡아도 자신감을 가지고 처리했으며 항상 긍정적으로 생각했다.

드디어 그에게도 기회가 생겼다. 1955년 어느날 레이크록은 믹서기를 판매하기 위해 캘리포니아에 있는 할리우드를 방문했다. 할리우드에 있는 맥도널드 브라더스라는 가게에서 믹서기를 여덟 대씩이나 주문했기 때문이다. 이제껏 들어보지도 못한 가게로부터, 그것도 한두 대가 아닌 여덟 대라는 주문을 받은 레이는 그 가게가 어떤 가게 인지 궁금할 수밖에 없었다. 그래서 주문받은 믹서기를 전달해주고는 가게를 쭉 둘러보았다.

이것이 레이의 행운의 시초가 될 것이라는 사실을 누가 알았겠는가. 맥도널드는 영화감독을 꿈꾸는 리처드와 모리스라는 젊은 형제가 창업한 햄버거 가게였다. 작은 시골 마을에서 영화로 성공하고 말겠다는 열정만 가지고 할리우드로 온 그들은 먹고살기 위해 부업으로 햄버거를 팔기로 했다. 맥도널드 형제는 자신들이 어렸을 때 어머니가 냉장고에 남아 있던 여러 가지 재료를 빵 사이에 넣어 불에 구워주신 간식을 잊지 못했다. 그리고 그렇게 맛있는 빵은 어디에도 존재하지 않을 것이라고 생각해 한번 팔아보기로 마음을 먹었다. 그런데 예상했던 것보다 가게는 더 큰 성황을 이루기 시작했다. 푸석푸석하고 차가운 샌드위치에 질려버린 미국인들의 입맛을 막 구워내 부드럽고 따뜻한 햄버거로 사로잡은 것이다. 입소문은 무섭게 퍼져 갈수록 가게는 문전성시를 이루었다. 만들어내기가 무섭게 팔려 형제는 쉴 틈도 없었다.

이러한 상황을 지켜보고 햄버거 가게의 성공을 점친 레이는 형제로 부터 시카고에 있는 점포권을 매입했다. 그런 다음 다른 지역에도 점포를 세우기 시작했다. 5년 후 햄버거 가게의 점포는 일리노이 주 전역에 228개나 되었고 연 매출은 2천6백만 달러를 기록했지만 레이의 성에는 차지 않았다. 체인점을 전국으로, 더 나아가 세계로 확대하고 싶었던 것이다. 레이는 맥도널드 형제와 논의 끝에 1천4백만 달러를 지불하고 제조상의 노하우부터 상표에 이르기까지 햄버거 가게의 모든 권한을 사들일 수 있었다.

레이는 아무리 힘든 상황에 처해 있어도 긍정적인 생각을 멈추지 않았고 할 수 있다는 굳은 신념을 가졌기 때문에 마침내 성공할 수 있었던 것이다.

● 신념은 두려움을 용기로 바꾸어놓는다.

● 신념은 도전의식을 불태우게 한다.

● 신념은 자신의 한계를 극복할 수 있도록 도와준다.

● 굳건한 신념을 가지기 위해서는 일단 자신을 믿어야 한다.

● 신념을 가진다는 것은 마음속에 자리 잡고 있는 부정적인 생각이나 부담
감을 몰아내는 것이다.

# 나의 약점을 강점으로
# 변화하라

열등감이 어느 순간 나의 투지를 불태우는 촉매제가
될 수도 있다는 것을 알아야 한다.

개인의 성격으로 인하여 스스로 구축한 복합적인 요인 때문에 여러 사람들에게 열등감을 느낄 수 있다. 그러한 자신에 대한 육체적, 언어적, 정신적 학대의 결과를 자신이 다른 사람들에게 수용될 가치가 없다는 생각을 하고 자신에게 오래 지속되는 심리적 유해한 영향을 미칠 수가 있는 것이다. 스스로 자기 신뢰와 자기 실현을 가지고 열등감의 형태를 탈피하는 노력이 필요하겠다.

어느 누구나 '명품 가방을 들고 다닐 때 자신감이 생기며 기분도 괜스레 들뜨게 된다'와 같은 생각을 해본 적이 있을 것이다. 사람들은 왠지 자신감이 없어지거나 열등감이 느껴질 때 마음을 안

정시킬 수 있는 어떤 것을 찾곤 한다. 다시 말해 나의 자존감을 높일 수 있는 법을 찾는 것이라 할 수 있다. 이처럼 자존감을 높일 수 있는 약은 바로 '명품 가방'이 되는 것이다.

할렘에서 태어나 가난하게 살 수밖에 없었던 엘지 맥스웰의 이야기를 예로 들어보자. 엘지는 어릴 때 친구들에게 심한 따돌림을 당했다. 가난하다는 이유로 말이다. 파티가 있어도 입고 갈 드레스가 없었기 때문에 더욱 친구들과 어울리지 못했다. 이것은 그녀로 하여금 강한 열등감을 느끼게 했다. 그런데 엘지는 예상 밖의 뛰어난 성공을 할 수 있었다. 세계에서 손꼽히는 드레스 디자이너가 된 것이다. 열등감을 물리치고 오히려 그것을 이용해 성공한 점은 정말 대단하다고 할 수 있다.

보통 우리는 열등감 때문에 좌절하곤 한다. 열등감은 '역시 나는 안 돼'라는 생각을 하게하고 그에 따라 괴롭게 만드는데 이것이 계속되면 결국 마음의 문까지 걸어 잠근다. 하지만 이 열등감이 어느 순간 나의 투지를 불태우는 촉매제가 될 수도 있다는 것을 알아야 한다. 사람에게는 누구나 강점과 약점이 공존한다. 열등감에 사로잡혀 점점 퇴보하고 싶은 것이 아니라면 발상의 전환을 통해 열등감을 강점으로 만들 수 있어야 하는 것이다.

에디슨의 청각은 좋지 못했다. 에디슨은 이를 자신의 결점으로 여겼지만 어느 순간부터 다른 생각이 들기 시작했다. '내가 듣고 싶은 것만 들을 수 있으니 나는 충분히 행복한 사람이다.' 그를 성공할 수 있게 했던 것 중 하나로 위와 같은 발상의 전환을 꼽을 수 있다. 이처럼 '나에게는 이러한 단점이 있지만 꼭 이 단점을 강점으로 바꾸고 말겠어'라며 나의 단점을 명확히 인지하고 그것을 강점으로 바꿀 수 있다는 자신을 가져야 한다. 단점이 있어도 움츠러들어 서는 안 된다는 것이다.

낯을 심하게 가리거나, 사람이 많이 모이는 곳에 가면 불안해하거나 대화할 때 상대방과 눈을 마주치지 못하는 것은 열등감을 심하게 느끼고 그것을 숨기려고 하는 행동이다. 하지만 이러한 행동이 도리어 열등감을 드러나게 한다는 것을 알아야 한다.

 좋은 습관

● 열등감에 사로잡혀 점점 퇴보하지 마라.
● 발상의 전환을 통해 열등감을 강점으로 만들어라.
● 나의 단점을 명확히 인지하고 그것을 강점으로 바꿀 수 있다는 자신을 가져라.

# 불평하는 대신
# 감사하라

누구나 역경을 극복할 수 있는 힘이 있다.

---

사람이라면 누구나 내가 무척 못나 보일 때가 살아가는 동안 한 번 쯤은 있을 것이다. 또한 실패를 겪고 그로 인해 좌절하기도 한다. 그런데 힘들더라도 툭툭 털고 헤쳐 나가는 이도 있고, 반대로 절망의 구렁텅이에 빠져 허우적거리기만 하는 이도 있다. 나쁜 일이 생기면 곧 좋은 일도 생긴다는 법도 모른 채 말이다.

사람에게는 역경을 극복할 수 있는 힘이 있다. 자신을 스스로 치유할 수 있는 힘을 갖고 있는 것이다. 그럼에도 불구하고 이와 같은 능력을 제대로 쓰지 못하는 사람은 자신의 습관을 잘못 길들였다고 할 수 있다. 실패를 두려워하고 쉽게 좌절하는 사람들은 스스로를 불행아라고 여기는 동시에 툭하면 툴툴거리기 일쑤다. 살아가다 보면 당연히 불만족스러운 일도 생기게 마련이지만 버릇처럼 그 감정을 표현하는 것이다. 또 사람들은 좋은 일이 생기는 것은 당연하게 여겨 기억하지 못하고 나쁜 것만 두고두고 기억하는 경향을 가지고 있기도 하다. 하지만 불만이 가득 쌓이면 결국에는 모든 것이 부정적으로 보일 수도 있기 때문에 이는 좋지 않다. 또 그렇게 되면 나만 더욱 비참하게 느껴질 뿐이다. 게다가 내가 다른 사람에게 불만을 가지면 그 사람 역시 나에게 불만을 가질 수밖에 없다. 상대에게 불만을 가지는 일 또한 상대의 좋지 않은 면모만 살피기 때문에 일어난다. 서로가 서로에게 불만을 가진다면 일은 순조롭게 진행되지 못할 것이다.

세상에는 좋지 않은 면모만 있는 것이 아니라 좋은 면모도 분명히 존재한다는 것을 알아야한다. 실패와 좌절만 거듭되어 성공할 낌새가 전혀 보이지 않는 것 같아도 실은 그렇지 않다. 그런데 언제나 좋은 면모만 생각한다는 것은 물론 간단하지 않은 일이다. 가급적 편안한 마음으로 모든 일에 대처할 수 있을 때 좋지 않은 형편에서도 좋은 점을 찾아 낼 수 있다.

 좋은 습관

- 힘들더라도 툭툭 털고 헤쳐 나가라.
- 나쁜 일이 생기면 곧 좋은 일도 생긴다.
- 불만은 불만을 가져오기에 긍정적 사고를 가져라.
- 언제나 좋은 면모만 생각하라.
- 좋지 않은 형편에서도 좋은 점을 찾아낼 수 있는 것은 편안한 마음으로 모든 일에 대처하는 것이다.

# 지나친 걱정보다 할 수
# 있다는 믿음을 가져라

걱정이 없는 사람보다 지나치게 걱정을 하는 사람이
더 많이 실패하는 경향이 있다.

우리 주변에는 대수롭지 않은 세세한 일까지 하나하나 신경 쓰면서 자기 자신을 나무라고 다그치는 사람들이 있다. 이들은 아무리 소소한 일이라도 일단 걱정부터 하는 습관에 길들여져 있다. 그런가 하면 좋지 않은 일이 일어나도 언젠가는 잘 풀리겠지 하고 웃으며 넘기는 사람도 있다. 이러한 습성은 오랜 시간 동안 굳어진 것이기 때문에 쉽게 바뀌지 않는다.

그런데 걱정이 없는 사람보다 지나치게 걱정을 하는 사람이 더 많이 실패하는 경향이 있다. 하고자 하는 일에 집중해도 모자랄 판에 다른 이것저것에 너무 많은 에너지를 낭비하기 때문이다. '나는 아마 안 될거야', '혹시나 실패하면 어떡하지?'라는 쓸데없는 생각을 하기보다 스스로 할 수 있다는 믿음을 가져야 한다. 자신감을 가지고 '이쯤이야 별거 아니지'라고 생각하며 나 스스로 최면을 걸어야 하는 것이다. 또한 만약 실패를 했다고 하더라도, '다음에 더 잘하면 돼' 하고 과거의 일은 과감하게 떨쳐버리는 것이 좋다. 과거의 일을 후회하고 그것에 얽매여 있어 봤자 소용없기 때문이다. 괜히 아까운 시간과 힘만 버리게 될 뿐이다. 게다가 새롭게 맡은 일에 충실할 수 없게 만들기까지 한다. 그렇기 때문에 과거의 일이나 미래의 일에 지나치게 얽매이는 습관을 떨쳐내야 할 것이다.

### 좋은 습관

- 좋지 않은 일이 일어나도 언젠가는 잘 풀리겠지 하고 웃으며 넘겨라.
- 쓸데없는 생각하기보다 스스로 할 수 있다는 믿음을 가져라.
- 과거의 일을 후회하고 그것에 얽매여 있어 봤자 소용없다.
- 어떤 문제에 걱정하기보다 원인을 해결하고자 하는 노력이 필요하다.

# 나의 부족함을
# 인정하고 도전하라

자신의 부족함을 인정하고 최선의 노력이 중요하다.


어떠한 결과가 났을 때 그것에 만족하지 못한 경우 자신에 대해 과신 했다고 할 수 있다. 그런데 이때 절망하는 대신 자신의 부족함을 인정하는 사람이 성공에 한 걸음 더 다가선다.

우리 주위에는 오만함으로 가득 차서 헛된 꿈만 좇으며 사는 사람이 많다. 이것이 더욱 심해지면 자신을 알아주지 않는 사람들을 깎아 내리거나 사회에 대해 불만을 표출하기도 한다. 하지만 자신의 부족 함을 인정하는 사람은 믿는 도끼에 발등 찍히는 일이 없다. 이들은 자신이 할 수 있는 데까지는 최선을 다하지만 자신에게 역부족인 일은 과감히 포기할 줄 아는 대범함을 가지고 있다. 주변 사람들이 나의 재능을 알아주지 않을 때, 그들이 몰라준다며 불평하는 대신 혹시 정말 내가 부족한 것은 아닌지 뒤돌아보면서 더욱 발전하기 위해 노력하는 것이 더 좋은 방법이다. 자신을 믿는 사람 들은 좋지 않은 평가를 받더라도 무엇이 잘못되었는지 생각하면서 향후에는 좋은 평가를 받을 수 있도록 더욱 노력하게 마련이다. 이러한 자세가 우리를 성공에 더욱 가깝게 한다. 좀 더 구체적으로 예를 들어보자. 마라톤을 할 때 자신보다 빠르게 달리는 선수를 보고 그와 똑같이 달리기 위해 자신의 페이스를 지키지 못하다가 체력이 떨어져 목표한 바를 이루지 못하는 경우를 종종 볼 수 있다. 자신의 능력에 맞는 페이스를 유지하다가 마지막 순간에 남아 있는 힘을 다 쏟아 부으면서 달리는 것이 목표를 달성 하는 방법이다. 우리는 보통 도전정신을 아무리 좋지 않은 상황에 처해 있더라도 끝까지 달려드는 것이라고 생각한다. 하지만 올바른 도전정신을 가지고 있는 사람은 자신의 페이스를 끝까지 유지하면서도 꿈꾸는 목표로 굳은 다짐을 가지고 나아간다.

주변이 어떻든 내가 세운 목표를 내 방식대로 이루기 위해 끊임없이 노력하는 것이 바로 진정한 도전정신이라고 할 수 있다.

● 절망하는 대신 자신의 부족함을 인정하는 사람이 성공에 한 걸음 더 다가선다.
● 자신이 할 수 있는 데까지는 최선을 다하지만 역부족인 일은 과감히 포기할 줄 아는 대범함을 가져라.
● 내가 부족한 것은 아닌지 뒤돌아보면서 더욱 발전하기 위해 노력하라.
● 자신의 페이스를 끝까지 유지하면서도 꿈꾸는 쪽으로 굳은 다짐을 가지고 나아가는 올바른 도전정신을 가져라.
● 주변이 어떻든 내가 세운 목표를 내 방식대로 이루기 위해 끊임없이 노력하라.

# 참된 가치관으로
# 욕심을 버려라

과욕은 실패를 가져온다.

욕심은 대부분 불행의 씨앗이 된다. 따라서 마음이 느긋해지기 위해서는 욕심을 버려야 한다. 그렇다면 어떻게 해야 느긋한 마음을 지닐 수 있을까?

첫째, 이 세상의 모든 고민을 나 혼자 끌어안은 듯이 행동하지 말아야 한다. 지나치게 걱정을 하다 보면 느긋함이 생길 여유가 없어질 수밖에 없다. 마음이 들쭉날쭉할 때보다 마음이 가라앉았을 때 일을 하는 것이 능률을 끌어올리기 더 좋다.

둘째, 일을 할 때는 기쁜 마음을 가져야 한다. 나 스스로 그 일을 즐거운 마음으로 하면 능률이 오를 뿐만 아니라 목표를 달성

할 확률이 높아질 수 있다. 또한 하루하루에 만족하며 살게 된다.

셋째, 내가 언제 어떤 일을 해야 하는지 계획을 세운 다음 그대로 일을 해나가는 것이 좋다. 아무런 계획도 세우지 않은 채 일을 하면 좋아하는 일이나 간단한 일만 하게 되고 싫어하거나 어려운 일은 계속 미루게 되기 때문이다. 이것이 쌓였을 때는 더 큰 문제로 다가올 수 있다.

넷째, 산더미같이 쌓인 많은 일을 단번에 해결하려고 해서는 안 된다. 내가 초자연적인 힘을 지니지 않고서는 오히려 일만 더 그르치게 될 뿐이다. 하나하나 차근차근 해결해야 일을 성공적으로 끝마칠 수 있고 그로 인해 여유도 생기게 된다.

마지막으로 참된 가치관을 가져야 한다. 곤란한 상황에 처하더라도 마음을 가라앉히고 나만의 참된 가치관을 기준으로 삼아 해결책을 찾는다면 마음이 한결 편해질 수 있다.

### 좋은 습관

- 마음이 느긋해지기 위해서는 욕심을 버려야 한다.
- 지나치게 걱정하지 마라.
- 일을 할 때는 기쁜 마음을 가져라.
- 언제 어떤 일을 해야 하는지 계획을 세운 다음 그대로 일을 해나가라.
- 산더미같이 쌓인 많은 일을 단번에 해결하려고 하지 마라.
- 참된 가치관을 가져라.

# 주체적인
# 활동을 하라

독서는 책이 담고 있는 주제에 대해 생각해보게 되고
이는 곧 주체적인 활동이 된다.

여가 시간은 무엇을 하며 보내는지 직장인들에게 물어보면 다양한 대답을 들을 수 있다. 쉴 때 무엇을 하는지가 제각기인 것은 당연하다. 개인이 중요시되는 시대기 때문에 각자 하고 싶은 일을 하며 휴일을 보내는 것이다. 하지만 '그냥 아무것도 하지 않고 쉰다'는 답에는 문제를 제기하고 싶다. 물론 평소에 얼마만큼 많은 일에 시달리는지 알고 있다. 이에 쉴 때는 아무 생각도 하지 않고 쉬는 것에만 집중하겠다는 것이 대부분의 입장일 것이다. 쉬는 것이 얼마나 중요한지도 당연히 알고 있다. 줄곧 긴장해 있던 몸과 마음을 풀어주는 것의 효과는 상당하다고 할 수 있다. 하지만 이는 두세 시간 정도면 충분하다.

낮잠을 자거나 텔레비전에 한 번 빠지면 두세 시간 이상의 시간이 순식간에 지나가 버린다. 이러한 시간을 조금 줄이고 좀 더 도움이 될 만한 활동을 해보는 것이 어떨까. 특히 자녀를 키우고 있는 집안에서는 한층 더 조심해야 할 필요가 있다. 텔레비전을 볼 때는 생각을 하지 않아도 된다. 그저 시각에만 자극을 주기 때문이다. 보기만 해도 텔레비전 화면은 알아서 바뀌고 그것은 나에게 어떠한 노력도 요구하지 않는다. 하지만 스스로 생각을 하지 않으면서 정보를 얻는 것 자체가 무서운 일이다. 이러한 것을 자연스럽게 받아들여 습관이 되면 주체성이 사라지게 될 수도 있다. 이러한 경향은 현대의 아이들에게서 많이 찾아볼 수 있다. 반면에 책은 제각각 어떠한 주제를 담고 있다. 따라서 독서를 하면 책이 담고 있는 주제에 대해 생각해보게 되고 이는 곧 주체적인 활동이 된다. 하지만 독서를 계속하기 위해서는 노력이 필요하다. 이미 주체성을 발휘하는 것에 익숙하지 않은 현대인들은 책만 펴면 졸거나 곧 싫증을 부리곤 한다. 일방적으로 정보를 주입시키기만 하고 생각을 요구하지 않는 텔레비전에 익숙해졌기 때문이다.

더 늦기 전에 하루에 한 시간만이라도 한결 같이 책을 보는 습관을 아이들과 함께 길러야 할 것이다.

- 여가시간에는 좀 더 도움이 될 만한 활동을 해라.
- 스스로 생각을 하지 않으면서 정보를 얻지 마라.
- 책은 제각각 어떠한 주제를 담고 있다.
- 더 늦기 전에 하루에 한 시간만이라도 한 결 같이 책을 보는 습관을 아이들과
  함께 길러라.

# 잘못은 즉시
# 바로 잡아라

잘못된 점을 찾으면 곧바로 고치는 사람들이
성공한 확률이 높은 사람들이다.

어떠한 일에 직면했을 때 그것을 매서운 눈초리로 바라보고 잘못된 점을 찾으면 잽싸게 고치는 사람들이 바로 성공한 사람들이다. 다음은 문제를 처리할 때 취해야 할 가장 기초적이고 근본적인 마음가짐이다.

첫째, 어떠한 일에 처하든 나 스스로 처리할 수 있다는 자신감을 가져야 한다. 이러한 자신감을 가지고 열심히 하면 안 될 일도 될 수 있을 것이다.

둘째, 문제를 처리할 때는 이성을 내세워야 한다. 어떤 일에서든지 감정이 우선시되면 문제점을 똑바로 직시하기 어렵다. 또한 지나치게 긴장한 상태에서도 판단력이 흐려질 수 있기 때문에 마음을 가라앉히고 문제를 해결하는 것이 좋다.

셋째, 해결 방안을 찾기 위해 급하게 움직이거나 마음을 졸이는 것은 좋지 않다. 차근차근 생각할 때 오히려 방법을 더 빨리 찾을 수 있다.

넷째, 문제에 대한 정보를 될 수 있는 대로 많이 알아보고 분석하되, 그 문제를 객관적으로 바라보려고 해야 한다. 그렇게 해야 한쪽으로 치우치지 않은, 좀 더 분명한 해결 방안을 찾을 수 있다.

다섯째, 여태껏 활용한 모든 자료를 모아서 기록해두는 것이 좋다. 그동안 내가 어떻게 문제를 해결했는지 참고해보면 묘안이 떠올라 쉽게 해결할 방안이 될 수 있다.

여섯째, 나의 판단력과 통찰력에 자신을 가져야 한다. 그렇게 자신을 가지고 위의 방법대로 하면 문제에 대한 해결 방법을 얻을 수 있을 것이다. 이는 나에게 가장 좋은 해결 방법이 되어줄 수 있다.

### 좋은 습관

- 어떠한 일에 처하든 나 스스로 처리할 수 있다는 자신감을 가져라.
- 해결 방안을 찾기 위해 급하게 움직이거나 마음을 졸이지 마라.
- 문제에 대한 정보를 될 수 있는 대로 많이 알아보고 분석하되, 그 문제를 객관적으로 바라보라.
- 여태껏 활용한 모든 자료를 모아서 기록해두어라.
- 나의 판단력과 통찰력에 자신을 가져라

# 나의 가치를
# 높여라

나만이 가지고 있는 매력을 어필하려고 끊임없이 노력해야 한다.

나의 가치를 높이기 위해서는 어떻게 해야 할까?

첫째, 나 자신을 냉철하게 바라볼 줄 알아야 한다. 내가 지금 어떤지 한 번 명확하게 바라보자. 지금은 어떤 일에 종사 하고 있으며, 다른 사람들과 차별화할 수 있는 것이 어떤 것이 있는지 말이다. 그렇게 냉철하게 평가해서 모자란 면이 있으면 그 부분을 집중적으로 개발해야 한다. 이때 '나에게는 부족한 면이 없어'라고 생각 하는 이들은 드물 것이다. 따라서 우리 사회가 필요로 하는 지식을 습득하여 다양한 면에 욕심을 내어 내가 흡족해할 수 있을 때까지 열심히 개발하는 것이 좋다. 또 평가를 할 때는 일주일, 한

달, 1년마다 얼마만큼 달라졌는지 기록해야 한다.

지난주는 얼마나 뜻깊게 보냈는지, 내가 부족했던 면에 힘을 썼는지 지속적으로 평가하고 노력해야 나의 가치를 올릴 수 있다는 것을 기억해야 한다. 나의 몸값이 어느 정도인지 명확히 알지 못한다면 값을 올리기 힘들 것이다.

둘째, 외모를 꾸미는 일에도 소홀해서는 안 된다. 나의 외모는 나만이 지니고 있는 소중한 것이다. 나와 닮은 사람은 있어도 완전히 똑같은 외모를 가진 사람은 없다. 따라서 다른 사람에게 나만이 가지고 있는 매력을 어필하려고 끊임없이 애써야 한다. 아무리 가까운 곳에 가거나 허물없는 친구를 만나러 가더라도 옷차림새에 신경을 써야 하는 것이다.

또 사람을 처음 만났을 때 제일 먼저 눈에 들어오는 것은 바로 겉모습이다. 나도 모르게 첫인상으로 상대를 어느 정도 판단할 수밖에 없다는 것이다. 상대가 어떤 능력을 가지고 있는지, 성격은 어떠한지 등을 판단하는 것은 그다음의 일이다. 겉모습을 가꾸는 일은 상대에게 좋은 인상을 심어줄 수 있는 첫 번째 방법이다.

셋째, 약속의 중요성을 알아야 한다. 만약 내가 어떠한 약속을 했다면 그것은 기필코 지켜야 한다. 신용이 높은 사람은 약속을 매우 소중히 여긴다. 다른 사람과의 약속을 깨는 것이 습관인 사람들은 일을 암만 잘한다고 하더라도 신용을 얻을 수 없다. 따라서 아무리 대수롭지 않은 약속이라도 꼭 지키려는 습관을 들이는 것이 좋다.

넷째, 자신감은 가장 좋은 무기다. 내가 먼저 나를 믿고 자신 있는 태도를 가져야 상대도 나를 믿을 수 있다. 축 늘어진 모습은 성공하는데 걸림돌만 될 뿐, 절대 도움이 될 수 없다. 실패하더라도 다음에는 꼭 성공하겠다는 자신을 보여야 상대도 그 자신감에 넘어가 나를 다시 한 번 믿어줄 수 있는 것이다. 자신이 없으면 없을수록 나의 주위에는 먹구름만 더 몰릴 뿐이다. "나라면 문제없다"라는 말을 가슴속에 새겨두는 것이 좋다.

다섯째, 내 주위의 사람이 슬퍼할 때는 옆에 있어주어야 한다. 사람은 기쁠 때 축하해주는 이들보다 슬플 때 위로해주는 이들을 더 잊지 못하는 법이다. 따라서 경사 때보다 조사 때 특별히 더욱 같이 있어주는 것이 좋다. 내가 상대에게 어떤 존재로 남을지는 중요한 문제다. 상대방이 슬플 때 함께 슬퍼해 준 만큼 나는 그에게 어느 순간 특별한 의미가 될지도 모른다.

여섯째, 일찍 일어나 활동하면 시간을 벌 수 있다. 일찍 기상하는 사람들 중에는 성공한 사람들이 많다. 따라서 일찍 기상하는 습관을 들이는 것이 좋다. 일찍 기상하면 그만큼 다른 사람들보다 더 많은 시간을 쓸 수 있기 때문이다. 반면 늦잠을 자면 그만큼의 시간을 버리는 것이 된다. 일찍 일어나는 습관을 들인 사람들은 더 많은 시간과 노력을 들일 수 있으므로 성공할 가능성이 더욱 높아지는 것이다.

일곱째, 운이라는 것에 너무 의존해서는 안 된다. 운 때문에 성공한 사람들이 거의 대부분이라고는 얘기할 수 없을 것이다. 성공은 자신이 끊임없이 노력했을 때 뒤따르는 결과라는 것을 기억해야 한다. 아직 시작도 하지 않았는데 '나는 불운아야' 하고 먼저 단정해버리면 될 일도 안 될지 모른다.

맡은 일에 있는 힘껏 노력한 후에 어떤 운이 따를지 생각해도 늦지 않다. 미리 자신의 운을 걱정할 필요는 없는 것이다.

### 좋은 습관

- 나 자신을 냉철하게 바라보라.
- 외모를 꾸미는 일에도 소홀하지 마라.
- 약속의 중요성을 명심하라.
- 자신감은 가장 좋은 무기다.
- 주위의 사람이 슬퍼할 때는 옆에 있어주어라.
- 일찍 기상해서 시간을 벌어라.
- 운에 너무 의존하지 마라.

## 스스로 자신을
## 사랑하라

어느 누구라도 자신을 사랑할 자격은 충분하다.

우리 안에서는 상반되는 두 존재가 항상 대립하고 있다. 기쁨과 슬픔, 용기와 두려움, 자신과 자괴 등이 그것이다. 그런데 둘 중어느 것이 이길지 몰라 어느 순간 후자가 전자를 눌러버리는 일도 생길 수 있다. 스마일리 브랜톤(미국의 심리학자)은 정신과 의사로서 이름이 꽤나 알려져 있는데 그는 가장 슬기로운 사람이라 많은 사람들이 평가한다.

그는 "매일 상대하고 있는 환자들이 제일 많이 하는 고민은 열등감"이라고 말하곤 한다. 상담을 받기 위해 방문하는 이들은 거의 다 자신을 사랑하지 않는다고 이야기한다는 것이다.

그들 중에는 자신이 다른 사람들보다 못났다고 생각하는 사람들이 대부분이다. 하지만 병을 치유할 수 있는 가장 큰 방법은 바로 관심과 사랑이다. 브랜튼 박사는 환자들에게 다음과 같이 말하며 자신을 먼저 사랑해야 병도 나을 수 있다고 조언한다.

"내가 먼저 나를 사랑해야 다른 사람들도 나를 사랑할 수 있습니다."

세상 살아가는 것을 두려워하고 자신을 갖지 못할 때 열등감이 생기는 것이다. 겉으로 봤을 때 아주 당당해 보이는 사람이라 할지라도 실은 그렇지 못하기 때문에 일부러 자신을 꾸며낸 것일 수도 있다. 그런데 우리는 이에 대해 깊이 생각해보아야 한다. 아무리 못난 사람이라도 잘하는 것이 한가지씩은 있을 것이다. 따라서 어느 누구라도 자신을 가질 만한 자격이 충분하다.

먼저 스스로를 사랑하자. 그리고 다른 사람들에게도 사랑받자.

### 좋은 습관

- 자신을 먼저 사랑해야 자신감을 갖고 뭐든 할 수 있다.
- 세상 살아가는 것을 두려워하고 자신을 갖지 못할 때 열등감이 생긴다.
- 스스로를 사랑하여야 남도 나를 사랑한다.
- 늘 미소를 기반으로 용기 내는 삶을 가져라.

part 05

# 창의력 사고를
# 만들기

# 열정을
# 불태워라

무엇인가를 바라는 것은 우리가 하는 모든 행동의 동기가 된다.

먼저 성공을 하겠다는 꿈을 꾸어야 성공에 다다를 수 있다는 것은 당연하다. 사람은 보통 무엇인가를 바라기 때문에 어떠한 행동을 한 다고 할 수 있다. 세상에 일어나는 모든 일들이 필연적인 것처럼 사람에게 일어나는 일도 필연에 의한 것이다. 다시 말하자면 무엇인가를 바라는 것은 우리가 하는 모든 행동의 동기가 된다. 사람이라면 언제 어디서나 어떠한 것을 하나씩은 바라게 마련이다. 이때 더 간절히 원하면 그것을 이루기 위한 노력도 더 많이 할 수 있게 되고, 그렇게 하나하나 바라던 것을 이루게 되면 보람을 느껴 후에도 계속해서 모든 일에 더욱 열심히 하게 된다. 따라서 만약 내가 성공하기를 바란다면 그것을 끊임없이 생각하고 추구하고 갈망하면서 열정을 불태워야 한다.

"인간행동의 두 가지 동기는 욕망과 성의 충동"이라고 정신분석학자 프로이트가 말했다. 더 크게 성공하길 바라고 남보다 우월해짐으로써 자신을 과시하길 바라는 마음이야말로 우리의 본능이며 노력을 촉진시키는 매개체인 것이다.

### 좋은 습관

- 먼저 성공을 하겠다는 꿈을 꾸어야 한다.
- 사람은 보통 무엇인가를 바라기 때문에 어떠한 행동을 한다.
- 내가 성공하기를 바란다면 그것을 끊임없이 생각하고 추구하고 갈망하면서 열정을 불태워야 한다.
- 더 크게 성공하길 바라고, 남보다 우월해짐으로써 자신을 과시하길 바라는 마음이야말로 우리의 본능이며 노력을 촉진시키는 매개체다.

# 적극적으로
# 꿈꾸어라

생각에는 생각한 그대로 일어나게 하는 힘이 있다.

사람에 따라 자신의 미래를 행복하게 상상할 수도 있고 불행하게 상상할 수도 있다. 그런데 우리의 삶은 보통 환경에 의해서 바뀌지만 우리가 습관적으로 하고 있는 생각에 따라 바뀌기도 한다. 이는 고대 철학자 아우렐리우스의 "인간의 생애는 그 사람의 사고에 의해 만들 어진다"라는 말만 봐도 알 수 있다.

생각에는 생각한 그대로 일어나게 하는 힘이 있다. 그래서 한 심리 학자도 "사람의 성격이나 운명은 자신이 생각하는 대로 이루어지는 경향이 있다"고 말했다. 이 힘을 겪어본 사람이라면 누구나 그 사실을 받아들일 수밖에 없다. 따라서 어느 한쪽을 계속 생각하면 그 생각이 가리키는 상황이 지속된다. 결과가 적극적으로 나오길 바란다면 적극적으로 생각하면 된다. 소극적으로 생각하면 소극적인 결과를 초래하는 환경이 만들어진다. 더 나아가 행복과 불행도 자신의 생각에 따라 좌우될 수 있는 것이다.

사고방식을 바꾸어야 결과를 바꿀 수 있다. 좋은 결과가 나올 것이라 믿으면서 온 힘을 다해 열심히 한다면 생각의 힘이 내가 원하던 바를 이루게 할 것이다. 이는 언제, 어디서든, 누구에게나 적용될 수 있는 보편적 법칙이라고도 말할 수 있다. '간절히 바라면 이루어진다'는 것이다.

### 좋은 습관

- 우리의 삶은 우리가 습관적으로 하고 있는 생각에 따라 바뀌기도 한다.
- 결과가 적극적으로 나오길 바란다면 적극적으로 생각해야 한다.
- 사고방식을 바꾸어야 결과를 바꿀 수 있다.
- 간절히 바라면 이루어진다

# 소원과 목표를
# 구분하라

성공을 하기 위해서는 막연한 소원이 아닌
명확한 목표를 세워야 한다.

소원과 목표는 분명 다른 것이다. 하지만 이를 명확히 구분하지 못하는 사람들도 있다. 예를 들어 '자동차를 사고 싶다'라고 막연하게 생각하는 것은 소원이다. 목표는 '이번 연도에는 돈을 얼마만큼 모아서 반드시 자동차를 사겠다'라고 다짐하는 것이다. 구체적인 계획과 나의 굳은 의지가 있어야 목표라고 할 수 있다.

성공을 하기 위해서는 막연한 소원이 아닌 명확한 목표를 세워야 한다. 아무리 소소한 일이라도 목표를 세워야 그것을 해내고자 하는 마음이 강해진다. 예를 들어 아침에 일어나 '오늘은 짬짬이 책을 읽어 한 권을 독파하겠다'라고 다짐하는 것처럼 거창하지 않아도 좋다는 것이다. 내 나름대로 꼭 이루어야 한다고 여기는 것을 목표로 정하고 계속해 나간다면 목표가 크건 작건 상관없다.

또한 나의 스케줄이 내가 마음먹은 대로 짜인 것인가 하는 문제를 생각해볼 필요가 있다. 만약 그렇지 않다면 매일 하나라도 좋으니 내가 원하는 목표도 확실하게 세워야 한다. 그것만으로도 적극적인 행동의 원동력이 될 수 있기 때문이다. 게다가 실천력이 습관화되면 어 찌 됐든 나에게 이롭기 때문에 목표를 세웠을 때 뜻한대로 되지 않아도 낙심할 필요가 없다. 목표를 세우고 그것을 향해 노력하는 과정에서 사람은 진정한 행복을 느낄 수 있는 것이다.

**좋은 습관**

- 소원과 목표는 분명 다르다.
- 구체적인 계획과 나의 굳은 의지가 있어야 목표다.
- 아무리 소소한 일이라도 목표를 세워야 그것을 해내고자 하는 마음이 강해진다.
- 목표를 세우고 그것을 향해 노력하는 과정에서 사람은 진정한 행복을 느낄 수 있다.

# 매너리즘을
# 극복하라

시작부터 잘해야 매너리즘에 빠지지 않고 일을 마무리할 수 있다.

세상을 살면서 지루한 것은 정말 참기가 어렵다. 삶 자체를 하찮게 여겨 충동적인 행동을 하는 사람도 종종 있는데 이는 활기를 자극하는 어떤 것을 원하기 때문이다.

우리는 한 가지 일을 계속하면 그것에 능숙해질 수가 있다. 그만큼 일을 하는 속도도 올라간다. 하지만 반대로 떨어지는 추세를 보이는 것도 있는데 바로 창의력이나 사고력이다. 이제까지 해온 일이 익숙 해지면서 나도 모르게 게을러지기 때문이다. 다시 말해서 매너리즘에 빠지게 된다는 것이다. 그에 따라 일이 질리기 시작하고 위에서 언급한 지루해서 참을 수 없는 지경에 이른다. 다시 시작해보고자 하는 의욕도 생기기 어렵다. 그렇다면 매너리즘에 빠지지 않기 위해서는 어떻게 해야 할까?

우선 내 주위를 변화시켜 보면 새로운 일을 시작할 때 좋은 효과를 얻을 수 있다. 기분을 전환할 수 있기 때문이다. 변화를 두려워하는 사람 중 대부분은 소극적이다. 하지만 그러다가는 쉽게 게을러지고 만다. 또 내가 잘할 수 있는 일부터 하는 것도 좋은 시작의 방법이다. 의욕과 능률은 자신감을 가지고 일할 때 오른다. 이 자신감은 계속 일을 하게 하는 원동력이 되기도 한다. 일단 자신감을 가지고 새롭게 시작하는 것부터 목표로 삼아야 한다. 시작부터 잘해야 매너리즘에 빠지지 않고 일을 마무리할 수 있는 것이다.

### 좋은 습관

- 내 주위를 변화시켜 보면 새로운 일을 시작할 때 좋은 효과를 얻을 수 있다.
- 내가 잘할 수 있는 일부터 하는 것도 좋은 시작의 방법이다.
- 의욕과 능률은 자신감을 가지고 일할 때 오른다.
- 자신감은 계속 일을 하게 하는 원동력이 된다.
- 일단 자신감을 가지고 새롭게 시작하는 것부터 목표로 삼아야 한다.

# 구체적 목표를
# 세워라

바라는 일을 실현시킬 수 있는 힘을 길러야 한다.

우리는 종종 행동으로 옮길 마음이 없는 일을 생각하곤 한다. 심지어 바라는 것이 있어도 막연하게 생각만 할뿐 구체적인 계획을 세우지 않는 경우가 대부분이다. 또 자기의 진정한 꿈을 진지하게 생각해 본 사람조차 별로 없다. 그저 돈만 많이 벌었으면 좋겠다는 식의 생각만 하는 것이다. 이런 사람들은 자신이 무엇을 위해 살고 있는지 알지 못한다. 나름대로 열심히 사는 사람은 많아도 정작 성공한 사람은 별로 없는 이유가 여기에 있다. 공상 속에서만 계속 있으면 성공하기 힘든 것이다. 따라서 바라는 일을 실현시킬 수 있는 힘을 길러야 한다. 주목할 것은 그냥 애쓰겠다는 것 외에 구체적인 방법을 찾아야 한다는 점이다. 이 구체적인 방법이 나의 목표를 그려주는 도구가 될 것이다. 내가 진정으로 원하는 것이 무엇인지를 명확히 정하고 그것을 이루어나가는 모습을 마음속 스케치북에 그려보자.

예를 들어 내가 몇 개의 프로젝트를 성공시켜 회사에서 촉망받는 임원이 된다는 등 장기적으로 세울 수 있는 목표뿐만 아니라 단기적인 목표까지 마음속에 선명히 그려놓는다. 그런 다음 그려놓은 것을 실천해야 한다. 이것이 가장 중요하다. 실천하지 않고 단순히 생각하는 것만으로 끝나게 되면 그림까지 그려놓은 노력이 모두 헛수고가 되어버린다. 바라기만 하고 이루기 위한 실천을 하지 않는 것은 의미가 없다. 물론 다짐이 흔들릴 때도 있을 것이고 금세 잊어버리기도 할 것이다. 따라서 목표를 세웠으면 그것을 메모하는 습관을 길러야 한다. 그리고 수시로 보면서 계속 생각할 수 있도록 해야 한다. 이것이 내가 바라는 것을 이루기 위한 절대적인 핵심이다.

### 좋은 습관

- 공상 속에서만 계속 있으면 성공하기 힘들다.
- 장기적인 목표뿐만 아니라 단기적인 목표까지 마음속에 선명히 그려놓아라.
- 바라기만 하고 이루기 위한 실천을 하지 않는 것은 의미가 없다.

# 긍정의 사고방식을
# 믿어라

실패만 생각하는 것은 도움이 되는 사고방식이 아니다.

노벨 물리학상을 수상한 어느 학자의 기사가 '목표 달성'이라는 테마로 나온 적이 있다. 일본인과 미국인의 사고방식이 기사의 주된 내용이었다.

그 학자에 의하면 미국인은 바란 것의 대부분을 이루면 "아주 좋다"고 하면서 흡족해 하고, 반을 이루면 "좋아"라고 말하며, 조금밖에 이루지 못했더라도 "그럭저럭"이라고 얘기한다고 한다. 그런데 일본인은 미국인과 무척 다른 반응을 보인다. 대부분을 이루어도 "나쁘지 않다"고 하고, 반 정도를 넘게 이루었더라도 "좀 더 노력해야겠다"라고 얘기한다. 일본인들은 완벽해야 한다는 강박

관념을 가지고 있어서 조금만 잘못해도 반성을 할 정도인 것이다. 그렇다면 미국이 일본보다 더 번성한 이유도 이러한 긍정적인 사고방식에서 찾아볼 수 있지 않을까?

이 학자는 실패만 생각하는 것은 도움이 되는 사고방식이 아니라고 말한다. 실패한 것은 그것대로 엄하게 다스리고 성공한 것에 대해서는 자신감을 가지는 것이 미국의 사고방식이라는 것이다.

실패라는 결과가 나왔어도 그 과정에서 잘했던 면에 집중하는 습관을 가져야 한다. 50% 때문에 실패했지만 나머지 50%는 괜찮았다고 말이다. 이미 실패해버린 50%에 매달리는 것보다 나머지 50%를 발전 시켜 다음에는 성공할 수 있도록 준비하는 것이 더 의미 있는 일이다.

### 좋은 습관

- 실패한 것은 그것대로 엄하게 다스리되, 성공한 것에 대해서는 자신감을 가져라.
- 이미 실패해버린 50%에 매달리는 것보다 나머지 50%를 발전시켜 다음에는 성 공할 수 있도록 준비하는 것이 더 의미 있는 일이다.

# 자신감을 기르기
# 위한 노력을 하라

나는 할 수 있다는 믿음이 새로운 힘을 얻게 하고
능률을 올리는 원동력도 된다.

어떻게 하면 자신감을 기를 수 있을까? 다음은 자신감을 기르고 그를 통해 성공에 한 걸음 더 나아갈 수 있게 하는 방법이다. 이 방법으로 많은 사람들이 성공할 수 있었다. 나는 할 수 있다는 믿음이 새로운 힘을 얻게 하고 능률을 올리는 원동력도 되기 때문이다.

하나, 내가 성공한 모습을 상상하고 그것을 잊지 않도록 가슴 속에 간직해야 한다. 성공할 수 없을 것이라는 생각을 조금이라도 품는다면 실제로 성공에 점점 멀어질지도 모른다. 생각에는 내가 생각한대로 이루어질 수 있는 힘이 있기 때문이다. 따라서 불가능할 것 같아도 '나는 할 수 있다'는 생각으로 성공을 그리기 위해 노력해야 할 것이다.

둘, 갑자기 자신감이 떨어진다면 긍정적인 말을 외치는 등 그것을 쫓아내기 위해 노력해야 한다.

셋, 내가 아닌 다른 사람에게 휘둘려서는 성공하기 힘들다. 다른 사람이 내 인생을 대신 살아줄 수는 있는 것도 아니다. 나 자신을 믿을 수 없어 여기저기서 조언을 구하며 휘둘리는 것보다는 자신을 믿고 소신대로 행하는 것이 성공에 더 큰 도움이 된다.

넷, 내가 힘들 때마다 아낌없는 조언을 해줄 수 있는 멘토가 있으면 자신감을 되찾기 쉽다. 진정으로 나를 이해하고 있는 멘토의 조언은 칭찬이든 쓴소리든 나를 더욱 발전시킨다.

다섯, "나는 자신이 있다. 나의 이 자신감은 불가능한 것도 가능하게 할 것이다"라고 하루에 열 번씩 외쳐보자. 마술과 같은 이 말은 열등감을 없애는 제일 좋은 처방이 될 수 있다.

여섯, 자신의 능력을 실제 갖추고 있는 것보다 좀 더 부풀려 이야기 해도 괜찮다. 자만심을 가져서는 안 되지만 자존감을 높이는 것은 중요하기 때문이다.

### 좋은 습관

- 내가 성공한 모습을 상상하고 그것을 잊지 않도록 가슴속에 간직하라.
- 갑자기 자신감이 떨어진다면 긍정적인 말을 외치는 등 그것을 쫓아내기 위해 노력하라.
- 자신을 믿고 소신대로 행하라.
- 나는 할 수 있다고 하루에 열 번씩만 외쳐라.
- 자만심이 아닌 자존감을 높여라.

part 06

# 열정을 갖고
# 일하기

# 즐겁게 일하며
# 자부심을 가져라

부담감을 자부심으로 생각한다면 책임감을 가지고
훨씬 즐겁게 일을 할 수 있다.

"태어날 때부터 일하기를 좋아하는 사람은 없다"라는 카를힐티(Carl Hilty : 1833~1909 스위스의 사상가)의 말을 부정하는 사람은 그리 많지 않을 것이다. 일을 하면서 즐거움과 보람을 느낀다고 해도 언젠가 힘든 순간이 찾아오게 마련이기 때문이다. 또 누구나 힘들게 일하는 것보다 편히 놀거나 쉬는 쪽을 선호한다. 하지만 일을 하지 않고도 먹고사는데 전혀 지장을 받지 않는 사람은 별로 없으니 대부분 먹고살기 위해서는 일을 해야 한다.

자기 적성에 맞는 일을 하는 것만큼 좋은 일도 없다. 하지만 대부분의 사람들은 돈을 벌어야 하기 때문에 어쩔 수 없이 일하고 있다고 생각한다. 좋아하는 일을 직업으로 삼는 것도 어렵지만 싫어하는 일을 억지로 하는 것은 더 어렵기 때문에 최소한 싫어하지는 않는 일을 하는 것으로 타협하곤 한다.

독신주의자가 아니라면 자기 자신만을 위해 일할 수 있는 경우는 별로 없다. 결혼을 하고 아이를 기를 때 들어가는 돈이 어마어마하기 때문에 가족을 위해서 억지로라도 일을 해야 하는 것이다. 맞벌이를 하는 가정이 점점 증가하는 추세인 이유도 여기에 있다. 그러니 가정을 꾸린 사람은 독신 생활을 하는 사람보다 더 많은 부담감을 가지고 일을 할 수밖에 없다. 또한 이러한 부담감이 마음을 짓누르고 이것이 진정한 나의 길인가 고민하기 시작하면서 기분이 다운되어 버리기까지 한다. 그렇지만 조금만 다르게 생각해보자. 어느 정도 수준만 넘어서면 마음을 놓아버리고 최선을 다하지 않는 사람이 대부분이다. 그 이후에는 노력하지 않아도 적당히 잘될 때가 있다는 것을 알고서 말이다. 이에 "이만하면 됐어"나 "난 여기까지야"라는 말을 버릇처럼 쉽게 하기도 한다. 하지만 내가 하는 일에 나의 가족이 달렸다는 부담감을 자부심으로 생각한다면, 매일 하는 지겨운 일이 아닌 어딘가에 도움이 될 일이라고 생각한다면 책임감을 가지고 훨씬 즐겁게 일을 할 수 있다. 또한 카를힐티는 다음과 같이 말하기도 했다.

"게으름을 이길 수 있는 강력한 동기가 없다면 부지런해질 수 없다. 그런데 이 동기는 낮은 수준과 높은 수준으로 나눌 수 있다. 권력욕이나 명예욕 같은 욕망, 생계유지 등이 낮은 수준의 동기에 속한다. 일 자체에 대한 의미나 가족에 대한 책임감이나 사랑 등이 높은 수준의 동기다. 일을 하게끔 오랫동안 작용하는 동기는 둘 중에서도 높은 수준의 동기다. 게다가 이는 몇 번 실패했을 지라도 포기하지 않게 하는 힘도 가지고 있다. 결과에 따라 쉽게 좌지우지되는 동기가 아니기 때문이다."

결론을 짓자면 포기하고 싶어질 때마다 내가 하고 있는 일에 긍정적인 의미를 부여해보고, 책임져야 할 사랑하는 가족들을 생각하면 그것을 극복할 수 있을 것이라는 뜻이다.

### 좋은 습관

- 자기 적성에 맞는 일을 하는 것만큼 좋은 일도 없다.
- 어느 정도 수준이 넘어서더라도 마음을 놓지 말고 최선을 다하라.
- 매일 하는 지겨운 일이 아닌 어딘가에 도움이 될 일이라고 생각하라.

# 일단 시작하면
# 절반은 성공이다

일단 시작한다는 것에 반쯤 성공했다는 의미가 담겨 있다.

어떤 일을 하려고만 하면 주변부터 정리하는 등 시작하는 것에만 며칠이 걸리는 사람을 종종 본 적이 있을 것이다. 일을 미룰 수 있는 만큼 최대한 미루는 것이 이 사람들의 특징이다. 그러다가 마감 날짜가 다가오면 허둥지둥하게 되고 결국 일을 허술하게 처리하고 만다. 이런 일이 반복되다 보면 어떤 일을 하더라도 주위 사람들에게 믿음을 주지 못할 것이다. '능력이 없는 사람', '함께 일할 수 없는 사람'이라는 꼬리표가 따라붙을지도 모른다. 그런데 반대로 구체적인 계획을 세우지 않고는 아예 일을 시작도 못하는 사람도 있다. 이는 지나치게 완벽을 추구하며 일을 해결하고자 하는 마음 때문인 것이다. 하지만 역시 앞의 이유 때문에 늦는 사람이 대부분이다.

어쨌든 처음 시작하는 것이 어려울 뿐 일단 손을 대면 비교적 마음이 편해지므로 능률이 올라갈 수 있다. 그렇다면 시작을 쉽게 할 수 있는 방법은 없을까? 처음에는 부담을 가지지 말고 30분 정도만 투자한다고 생각해라. 그러면 일하는 것에 가장 알맞은 컨디션을 가지게 될 것이다. 그다음 능률이 조금씩 오르기 시작할 때 중요한 일을 차근차근 해나가면 된다.

기세는 어떤 일을 할 때나 아주 중요한 요소로 작용한다. 출근하자마자 복잡하고 어려운 일을 하는 것은 좋지 않다. 하기 싫다는 생각이 계속해서 다른 일에까지 영향을 주기 때문에 시간을 버리는 꼴이 되는 것이다. 준비운동을 하지 않은 채 본격적인 운동을 하면 몸에 무리가 오는 것처럼 두뇌를 사용하는 일도 이와 다르지 않다. 때문에 중요한 일을 잘 처리하고 싶다면 먼저 뻣뻣한 두뇌를 부드럽게 이완 시키겠다는 생각을 가져야 한다. 따라서 오전에는 일단 가볍게 할 수 있는 일부터 해결하는 것이 좋다. 그리 어렵지 않은 간단한 일부터 시작하면 능률이 올랐을 때 그 기세를 몰아 어려운 일을 해나갈 수 있다. 일단 시작한다는 것에 반쯤 성공했다는 의미가 담겨 있는 것이다.

《행복론》의 저자 힐티가 한 이야기를 보자.

"일을 뒤로 미루지 않는 것이 가장 중요한 자세다. 따라서 매일 조금이라도 좋으니 꾸준히 일을 해야 한다. 컨디션이 좋지 않다거나 일이 어렵다는 등의 변명은 그만두어야 한다는 것이다."

### 좋은 습관

● 처음 시작하는 것이 어려울 뿐 일단 손을 대면 비교적 마음이 편해지므로 능률이 올라갈 수 있다.
● 처음에는 부담을 가지지 말고 30분 정도만 투자한다고 생각하라.
● 능률이 조금씩 오르기 시작할 때 중요한 일을 차근차근 해나가라.
● 출근하자마자 복잡하고 어려운 일은 하지 마라.
● 일을 뒤로 미루지 않는 것이 가장 중요한 자세다.
● 매일 조금이라도 좋으니 꾸준히 일을 해야 한다.

# 적극적인 준비로
# 시작하라

일을 맡으면 바로 처리하는 것을 목표로 삼는
이들이 적극적인 사람이다.

《철학적 인간학》이라는 말을 최초로 사용한 셸러(Scheler 1874~1928 독일철학자)는 "어떤 일을 할 때마다 한치의 오차도 없이 완벽하게 계획을 세우고 시작하려는 것은 욕심이다"라고 말했다. 준비가 덜 됐다는 핑계로 여간해서는 일을 시작하지 않는 사람들을 꾸짖는 말인 것이다.

우리가 살고 있는 이 사회에서는 잘나가는 변호사에서부터 평범한 회사원, 육체노동을 하는 인부까지 사람들이 각자 다양한 직업을 가지고 있다. 그런데 어느 분야에 종사하고 있든 '성공했느냐 성공하지 못했느냐'라는 것은 꼬리표처럼 항상 따라다닌다. 따라서 모든 사람들은 성공하기를 원한다. 이 성공의 여부는 해야하는 일을 바로 이행할 수 있는 실천력의 유무에 따라 달라지는 것이다. 모든 일에 적극적으로 나서는 사람은 성공할 가능성이 크고, 반대로 소극적이면 소극적 일수록 성공하지 못할 가능성이 커진다. 소극적인 사람들은 겁이 많기 때문에 새롭게 도전하는 것을 두려워 하고 핑계를 대며 도망치기 바쁘다. "더 잘하고 싶은 마음에……"라고 말이다. 이쯤 되면 일을 시작하지 못하는 어쩔 수 없는 까닭을 대는 것에 도가 텄을지도 모른다.

반면에 적극적인 사람들은 어떨까? 예를 들어 출근을 했더니 결재할 서류가 한꺼번에 들이닥쳤다고 생각해보자. 산더미 같은 서류들을 본 순간 이를 어느 세월에 다 끝낼지 막막해지기 시작할 것이다. 그럼에도 적극적인 사람들은 두 팔을 걷어붙이고 하나씩 해결해간다. 일을 맡으면 바로 처리하는 것을 목표로 삼는 이들이 적극적인 사람이다. 그 많은 양의 서류들은 한꺼번에 처리할 수 없을지 몰라도 쉬운 것부터 차근차근하다 보면 어느새 끝이 보이니 말이다. 그렇게 일을 빠르고 정확하게 처리하면 상사에게 신임을 얻고 자신감도 생길 수 있다. 비록 몇 번의 실패가 있더라도 굴하지 않고 다음엔 성공할 수 있도록 노력한다. 따라서 자연히 실적이 쌓여 상사로부터 인정받으면 승진은 당연한 결과물이 될 것이다.

- 모든 일에 적극적으로 나서는 사람은 성공할 가능성이 크고, 반대로 소극적이면 소극적일수록 성공하지 못할 가능성이 커진다.
- 쉬운 것부터 차근차근 하다 보면 어느새 끝이 보인다.
- 비록 몇 번의 실패가 있더라도 굴하지 않고 다음엔 성공할 수 있도록 노력하라.

# 적당한 시간을 활용
# 효율을 높여라

능률이 가장 잘 오르는 시간대가 언제인지 알아야
성공할 가능성이 더 커질 수 있다.

오전 10시와 오후 3시에 사람의 머리가 제일 빨리 회전한다는 말이 있다. 물론 사람에 따라 다를 수도 있겠지만 말이다. 혹자는 아침에 능률이 올라갈 수도 있고 또 다른 혹자는 점심에 들인 대가나 노력에 비하여 훌륭한 결과를 얻을 수도 있다.

또한 작가 같은 사람들은 늦은 밤에 글이 가장 잘 써지기 마련이다. 때문에 특정한 시간에 모든 사람의 두뇌가 빨리 회전한다는 말은 맞지 않을지도 모르지만 사람마다 능률이 올라가는 시간대가 존재한 다는 것만은 확실하다. 따라서 나의 능률이 가장 잘 오르는 시간대가 언제인지 알아야 성공할 가능성이 더 커질 수 있다. 업무

일지 작성이나 타이핑 등 생각을 많이 필요로 하지 않는 일은 다른 시간에 처리해야 한다. 그리고 제일 중요한 일은 나의 능률이 가장 잘 오른다고 생각하는 시간대에 하는 것이 가장 좋은 습관이다.

**좋은 습관**

- 사람마다 능률이 올라가는 시간대가 존재한다.
- 제일 중요한 일은 나의 능률이 가장 잘 오른다고 생각하는 시간대에 하라.

# 스스로에게 떳떳할
# 만큼 성실하라

내가 스스로에게 떳떳할 수 있도록 노력이 필요하다.

아는 것이 많으면 성공할 가능성이 높아진다. 따라서 많이 배우겠다는 자세에 성실하게 임하는 것이 필요하다. 성공한 사람들은 주위에서 아무리 치켜세워 줘도 그것에 연연해하지 않으며 현재 상태에 만족하지 않고 더 많이 배우기 위해 성실하게 노력한다. 자만하거나 게으르면 성공하기 힘들다는 사실을 알고 있는 것이다.

혹시나 내가 어떠한 일을 맡았을 때, 최선을 다하지 않고 혼나지 않을 만큼만 했다거나 다른 사람에게 떠넘긴 적이 있다면 반성할 필요가 있다. 내가 스스로에게 떳떳할 수 없다면 성공하기는 힘들다. 스스로 생각해도 남들에게 자랑할 만큼 성실하게 일을 처리했다는 생각이 들어야 성공할 수 있는 것이다.

성공하지 못하는 사람들은 자신의 주변에서 발생하는 일에 대해 별로 관심을 갖지 않는다. 하지만 세상에 일어나는 모든 일들이나 사람들은 유기적인 관계를 맺고 있기 때문에 사회의 움직임이 나에게 어떤 영향을 미치는지, 이럴 때 나는 어떻게 해야 하는지 계속해서 생각을 해야 한다. 이렇게 하면 위기에 닥쳤을 때도 어떻게 해결해야 할지 융통성을 기를 수 있어 성공하기 더욱 쉽기 때문이다. 내가 어떠한 일을 완벽하게 해낸다고 해서 다른 일까지 그렇게 할 수 있으리란 보장은 없다. 무슨 일이 있어도 성공할 수 있도록 끊임없이 노력하고 성실 해야 하는 것이다.

두 명의 변호사를 예로 들어보자. 한 명은 법을 달달 외워 이 정도면 완벽하다는 생각을 하고 있고 다른 한 명은 자신이 공부한 법을 실제 사건에 적용시켜 보는 등 좀 더 완벽히 준비할 생각을 하고 있다. 둘 중 누가 성공할 가능성이 높겠는가?

세상사에 관심을 가지고 그것에 맞춰 좀 더 발전할 수 있도록 성실하게 배우고 노력하면 성공할 수 있다. 모든 일에 더욱 성실하게 임하는 것이 가장 기본이 되면서 동시에 가장 중요한 것이 된다.

- 아는 것이 많으면 성공할 가능성이 높아진다.
- 많이 배우겠다는 자세에 성실하게 임하는 것이 필요하다.
- 자만하거나 게으르면 성공하기 힘들다.
- 스스로 생각해도 남들에게 자랑할 만큼 성실하게 일을 처리했다는 생각이 들어야 성공할 수 있다.

# part 07

# 말하는 솜씨
# 기르기

# 듣는 방법이 곧
# 말하는 방법이다

잘 들어주는 것은 곧 말을 잘하게 되는 것으로 이어진다.

우리는 다른 사람과 대화를 할 때 보통 상대의 말을 들어주는 것보다 자신의 얘기를 하는 것을 더 선호한다. 사람은 자기중심적인 경우가 대부분이기 때문이다. 다시 말해 남들의 말에 귀를 기울여 들어주는 '경청'의 중요성을 모르는 것이다. 상대방의 이야기만 듣고 있으면 왠지 소극적인 사람이나 제 밥그릇도 못 챙기는 사람처럼 보일까 봐 걱정될지 모른다. 하지만 성공한 사람들은 다른 사람의 이야기를 들어주는 것을 좋아했고 그것을 습관화했다는 사실을 알아야 한다. 누구나 자신의 이야기를 하는 것을 좋아한다는 뜻은 바꿔 생각해보면 자신이 이야기하는 것을 잘 들어주는 사람에게 호감을 느낀다는 뜻이다. 따라서 남의 말을 경청하는 것은 성공하는 데 좋은 무기가 될 수 있다.

누구나 다 알만한 강사 브라이언 트레이시는 성공하는 방법으로 경청을 수도 없이 강조했다. 십수 년 동안 낮 시간대 텔레비전 토크쇼 1위를 고수했던 〈오프라 윈프리 쇼〉의 진행자 오프라 윈프리도 자신의 성공 요인으로 경청을 꼽았다. 〈오프라 윈프리 쇼〉를 보면 그녀가 출연자의 이야기를 진지하게 들음으로써 더욱 깊은 대화를 끌어낸다는 것을 알 수 있다. 강철왕으로 유명한 미국의 산업자본가 앤드루 카네기도 원만한 대인관계를 위해서는 상대의 말을 들어줄 줄 알아야 한다고 충고했다.

잘 들어주는 것은 곧 말을 잘하게 되는 것으로 이어진다. 말솜씨가 뛰어나다는 것은 단순히 미사여구를 잘 쓴다는 뜻만은 아닐 것이다. 그보다는 말로써 상대의 마음을 얼마만큼 진정으로 움직일 수 있느냐 하는 점이 더 중요하다. 이러한 힘은 먼저 상대의 말을 경청하는 것에서부터 비롯된다. 하지만 빠른 것이 곧 경쟁력이 되어버린 시대에 살고 있는 우리들 중에는 자신의 말을 내뱉는 것에 급급해 하는 사람만 많을 뿐, 상대의 말을 경청할 줄 아는 사람은 별로 없다.

상대의 말을 잘 들어주기 위한 방법으로는 눈을 맞추며 듣는 것이 있고 맞장구를 친다거나 공감해주는 것이 있다. 반면 팔짱을 끼거나 다리를 떠는 등의 행동은 피해야 한다. 자신이 상대의 말에 열심히 집중하고 있다는 모습을 보여주는 것이 필요하다고 할 수 있겠다.

자동차 판매원으로 일하는 한 남자는 자신이 경청이라는 방법으로 자동차 판매왕에까지 올랐던 경험에 대해 다음과 같이 말한다.

"고객이 무엇을 요구하든 어떤 불만을 이야기하든 그것을 꾹 참고 들어 주면 언젠가 그 인내가 빛을 발할 것입니다. 판매에서 가장 중요한 것은 고객의 사소한 한마디까지도 놓치지 않아야 한다는 것입니다."

고객의 말을 잘 들어주고 입장을 이해하는 것을 판매의 기본으로 삼아야 한다는 뜻이다.

"저는 고객이 차를 사러 왔을 때 차에 대한 설명을 대화의 20% 정도 밖에 하지 않습니다. 고객에게 나머지 80%를 말하게 하는 것입니다. 차에 대한 설명은 그 정도만으로도 충분하다고 생각해요. 외관, 연비, 편안함 등 여러 요소 중 어떤 것을 가장 우선시하는지 고객 스스로 말하게 만들어야 합니다. 제가 나서서 '이러이러한 연유 때문에 고객께는 이 차가 맞을 것 같습니다' 하고 먼저 말하면 도리어 일을 그르칠지도 모릅니다."

판매로 성공을 거둔 또 다른 사람의 이야기도 들어보자.

"고객의 이야기를 잘 들어주기만 해도 훌륭한 판매 전략을 세울 수 있습니다. 지금 고객의 재산이 어느 정도인지, 가족관계는 어떻게 되는지, 어떤 스타일을 선호하는지 등 정보를 알고 있으면 고객이 필요로 하는 것을 채워줄 수 있습니다."

이처럼 판매왕으로 성공한 사람들은 경청을 강조했다. 또한 그러면서 경청을 잘하기 위한 방법으로 질문을 언급했다. 고객에게 다짜고짜 "이 제품은 아주 좋기 때문에 구매하지 않으면 손해"라는 뉘앙스를 풍기며 설명해봤자 됐다는 싸늘한 대답만 받게 될 것이다. 흥미를 느끼기도 전에 거북한 부담감으로 다가갈 것이기 때문이다. 그 대신 질문을 통해 고객의 성향을 이해하고 그들에게 필요한 것이 무엇인지 자연스럽게 파악하는 것이 판매의 왕이 될 수 있는 방법이라고 할 수 있다. 듣는 척만 한다거나 의무적으로 듣는 습관도 문제가 된다. 어떤 판매왕은 "우리들 중에는 상대의 말을 들을 때 대충 듣거나 어쩔 수 없다는 의무감으로 듣는 사람이 많다"고 말했다. 이는 도리어 역효과를 낼 수도 있다는 것을 알아야 한다.

또한 고객이 불만을 털어놓을 때도 경청은 큰 힘을 발휘한다. 고객의 말을 자르며 설득할 때 보다 말하고 싶은 것을 한 번 참으면 그 후에 상대를 빼도 박도 못하게 할 수 있는 결정적 한마디가 떠올라 더 큰 효과를 볼 수 있다. 그 한마디가 나의 일을 술술 풀리게 할 묘약이 될 수 있을 것이다.

### 좋은 습관

- 남들의 말에 귀를 기울여 들어주는 '경청'의 중요성을 알라.
- 성공한 사람들은 다른 사람의 이야기를 들어주는 것을 좋아했고 그것을 습관 화했다.
- 누구나 자신이 이야기하는 것을 잘 들어주는 사람에게 호감을 느낀다.
- 남의 말을 경청하는 것은 성공하는 데 좋은 무기가 될 수 있다.
- 눈을 맞추며 듣고, 맞장구를 치며, 공감해주어라.
- 듣는 척만 한다거나 의무적으로 듣지 마라.

# 맞장구로 흥을
# 돋우어라

맞장구는 짧음에도 불구하고 강력한 힘을 지니고 있다.

우리는 상대방과 대화를 할 때 경청이 얼마나 중요한지 앞에서 충분히 알게 되었다. 그런데 경청 못지않게 중요한 것이 또 하나 있다. 그 것은 바로 맞장구다. 상대로부터 얼마나 많은 정보를 얻었는가도 대화의 능력 중 하나라고 말할 수 있다. 그렇기 때문에 상대가 계속해서 자신의 정보를 나의 의도대로 털어놓을 수 있도록 노력해야 한다. 이때 맞장구가 훌륭한 동반자가 되어줄 것이다. 맞장구는 말하는 사람으로 하여금 흥이나게 해주고 더욱 많은 말을 하게 만들기 때문이다.

"뛰는 말에 채찍질을 하라"는 속담에서도 알 수 있듯이 자신이 하는 일에 누군가 호응을 해주면 사람은 대개 그 일을 더 신나게 하기 마련이다. 일종의 법칙이라 할 수 있는 이것은 대화에도 통용될 법하다. 속담에서의 '말'을 동물 말과 사람이 하는 말, 이렇게 이중적으로 생각해보는 것은 어떨까?

말을 잘하는 사람은 맞장구가 습관이 되어 대화할 때 언제나 상대에게 맞장구를 쳐준다. 방송에서 유명한 MC들 역시 출연자가 하는 이야기에 맞는 질문과 맞장구를 한다. 그 출연자가 어떤 것을 말하고자 하는가를 재빠르게 잡아내 계속 이야기를 하도록 도와주는 것이다.

맞장구는 짧음에도 불구하고 강력한 힘을 지니고 있다. 소포클레스의 말을 보면 맞장구의 힘을 더욱 절실히 느낄 수 있을 것이다.

"짧은 말에 더 많은 지혜가 담겨 있다." 짧은 한마디의 말로 길고 긴 연설 이상의 효과를 낼 수 있는 것이 바로 맞장구다. 적절한 맞장구는 서로 존중하고 있다는 것을 느끼게 하고 깊은 대화를 이끌어내며, 그로 인해 서로의 관계까지 두텁게 만들어준다. 맞장구로 서먹서먹한 관계까지 개선할 수 있다니 좋지 않을 수 없다. 예를 들어보자. 어떤 상담소에 한 중년 여성이 방문을 했다.

옷이나 가방, 구두 등을 모두 명품으로 치장한 그녀는 거만한 표정으로 상담소를 둘러보았다. 그녀의 태도는 무척이나 무례했다. 상담을 시작했 때도 역시 마찬가지였다. 그녀는 진지하게 상담에 임하지 않았고 은근히 자기 자랑을 했다. 하지만 상담소의 소장은 꾹 참고 중년 여성의 말을 들어주며 중간중간 맞장구를 쳐주기도 했다. 그러자 어느새 그녀는 조금씩 자신의 진짜 고민을 털어놓기 시작했다.

건방진 태도가 아닌 겸손한 태도로 말이다. 상담을 마친 중년 여성은 소장에게 고맙다며 말했다.

"요새 젊은이들이 조금 배웠다면서 상담을 해준답시고 거만하게 구는 일투성이기에 마음을 열기가 어려웠는데 오늘에서야 소장님 같은 분을 만났네요. 정말 고맙습니다." 이렇듯 상대의 말에 맞장구를 쳐주는 것은 그의 마음을 단번에 사로잡을 수 있는 특효약이라 할 수 있다.

**좋은 습관**

- 상대로부터 얼마나 많은 정보를 얻었는가도 대화의 능력 중 하나다.
- 상대가 계속해서 자신의 정보를 나의 의도대로 털어놓을 수 있도록 노력하라.
- 맞장구는 말하는 사람으로 하여금 흥이 나게 해주고 더욱 많은 말을 하게 만들게 한다.
- 맞장구는 짧은 한마디의 말로 길고 긴 연설 이상의 효과를 낸다.

# 공감으로
## 함께하라

살면서 한 번도 본 적이 없는 남이라도 공통점이 있으면
쉽게 '우리'가 되기 마련이다.

낯선 사람에게 물건을 파는 것만큼 물건을 사는 것도 그리 쉽지만은 않은 일이다. 이 같은 이유로 판매원이 상품을 팔 때 소비자들의 처음 반응이 시원찮은 것이다. 따라서 판매를 할 때는 먼저 고객과의 벽을 허무는 것이 중요한데 이를 위해서 고객과 공감할 수 있는 부분을 찾는 것이 좋다. 특히 사람이라면 누구나 지연, 혈연, 학연이라는 삼연과 군대, 종교 등이 같은 것을 특별하게 생각하게 마련이다. 이처럼 판매원과 고객이 같이 공감할 수 있는 이야기가 한 가지라도 있다면 판매 일은 훨씬 수월해질 수 있다.

어떤 자동차 판매원의 이야기를 예로 들어보자. 그는 큰 음식

점에 방문해 그곳을 운영하고 있는 고객에게 상담을 해준 적이 있다. 그 음식점의 사장은 아내에게 차를 선물하기 위해 어느 회사의 차가 좋은지 조목조목 따져보고 있는 중이었다. 이야기를 마친 후 그가 가게 문을 나설 때 사장은 다른 차와 비교해본 다음 결정을 하겠다고 말했다. 하지만 판매원은 여기서 끝장을 보지 않으면 거래에 성공할 확률이 낮아질 것이라고 생각했다. 그가 사장의 마음을 확실하게 잡을 수 있는 묘책을 쥐어짜고 있을 때 부엌 쪽에서 익숙한 억양이 들려왔다. 자신의 고향에서나 들을 수 있는 억센 사투리였다. 퍼뜩 좋은 생각이 떠오른 그는 사장에게 물었다.

"부엌에서 귀에 익은 말투가 들려오는데 그곳에 계신 분은 누구십니까?"

"저희 어머니이신데 왜 그러십니까?" "잠깐 인사만 드리고 가겠습니다." 판매원은 부엌에서 요리를 하고 있는 사장의 어머니에게 반갑게 인사를 드렸고 고향이 어딘지 여쭈었다. 그의 예상대로 어머니는 그와 고향이 같았다. 어머니도 그가 자신과 같은 지역 출신이라는 것을 알고는 고향 사람이 왔다며 손을 꼭 맞잡고 악수를 하는 등 크게 환대해 주었다. "타지로 나와서 고생이 많네"라는 애정 어린 걱정도 잊지 않았다. 같은 고향 사람이라는 이유로 사장의 어머니와 공감할 수 있었던 것이다. 이것으로 판매원은 거래의 절반을 성공시킨 셈이었다. 그 후에도 사장은 쉽사리 결정을 내리지 못했지만 어머니의 성화 끝에 결국 계약서에 사인을 했다. 그런데 차를 받은 후에 사장은 소음이 심하다는 이유로 자주 문제를 제기했다. 그때마다 판매원은 성실하게 문제를 해결하기 위해 노력했고 그로 인해 사장 역시 판매원을 온전히 믿을 수 있게 되었다.

판매원은 위와 같은 경험으로 공감의 힘을 알게 됐다며 아래의 이야기를 했다.

"이제는 상담 중에 학연, 지연, 혈연, 취미 등의 공통점이 없다면 좋아하는 음식이 똑같다는 사소한 공통점까지 찾아내려 합니다. 이렇게 고객과 공감대가 형성되면 거래 성공의 물꼬가 반쯤 트이기 때문입니다."

지나치게 학연·지연·혈연만 강조하면 불공평이라는 문제도 생길 수 있지만 이 공통점을 적절히 활용할 줄 안다면 성공에 조금 더 가까워질 것이다. 살면서 한 번도 본 적이 없는 남이라도 같은 고향 출신이라는 등의 공통점이 있으면 쉽게 '우리'가 되기 마련이다. 특히 공동체의 삶을 중시하는 문화권에서 공감의 힘은 무시무시하다.

### 좋은 습관

- 공통점을 적절히 활용할 줄 안다면 성공에 조금 더 가까워질 수 있다.
- 공동체의 삶을 중시하는 문화권에서 공감의 힘은 무시무시하다.

# 인정하면
# 인정받는다

남을 인정해주면 동시에 나 역시 남에게 인정을 받는다.

남에게 나의 의견을 무조건 관철시켜야 할 때가 어느 순간 오게 마련이다. 하지만 그것은 결코 쉽지 않다. 상대가 나와 반대되는 의견을 펼친다면 결국에는 나의 의견에 동의하도록 설득시켜야 할 것이다.

상대가 나에게 넘어오도록 하는 방법에는 이성적인 설득과 감성적인 설득이 있다. 하지만 이성적인 설득으로는 상대를 온전히 내 편으로 만들기 힘들다. 논리적으로 말하는 것 자체가 어려울뿐더러 상대가 일단 나의 말을 인정했다고 하더라도 속으로는 '두고 보자'는 생각을 하고 있을지 모른다.

감성적인 설득을 위해서는 우선 상대의 마음을 이해해야 하는데 그러려면 상대의 의견에 먼저 동의하는 것이 필요하다. 상대의 의견이 내 마음에 들지 않는다고 해도 일단은 전부 인정해야 한다는 것이다. 사람은 누구나 자신의 말을 인정해주고 긍정적으로 생각해준 상대의 말에는 똑같이 한 번 더 귀를 기울이고 쉽게 인정하는 경향이 있다. 남을 인정해주면서 동시에 나 역시 남에게 인정을 받는 것이다. 이는 결과적으로 상대를 내 의도대로 설득시킬 수 있다는 뜻과 같다.

능력 있는 상담원은 상담을 받는 사람과 마주 앉았을 때 결코 자신의 의견을 강요하는 법이 없다. 우선 상담을 요청한 사람의 이야기를 귀 기울여 듣고 그의 생각에 고개를 끄덕여준다. 그가 툭 터놓고 마음껏 자신의 이야기를 하도록 분위기를 조성하는 것이다. 그러면 이야기를 털어놓은 사람은 자신이 존중받았다는 느낌을 갖게 되고 자연스럽게 상담원을 신뢰하게 된다. 그리고 마침내 상담원의 의견에 따르려고 노력할 것이다.

### 좋은 습관

● 상대가 나와 반대되는 의견을 펼치면 나의 의견에 동의하도록 설득시켜야 한다.
● 이성적인 설득만으로는 상대를 온전히 내 편으로 만들기 힘들다.
● 감성적인 설득을 위해서는 우선 상대의 마음을 이해해야 한다.
● 상대의 의견에 먼저 동의하는 것이 필요하다.

# part 08

# 시간
# 활용하기

# 금과 같이 소중한
# 자산이 시간이다

시간은 금과 동등한 가치를 가질 만큼 중요하다.

"시간은 금이다."

누구나 한 번쯤 위와 같은 말을 들어본 적이 있을 것이다. 이는 시간이 금과 동등한 가치를 가질 만큼 중요하다는 뜻이다. 하지만 시간이 이 정도로 귀함에도 불구하고 우리는 너무나도 쉽게 시간을 낭비하곤 한다. "내일도 있고, 모레도 있고……. 남는 게 시간인데 뭐"라고 판단 해버리는 것이다. 그러다가 어떤 일을 마감할 때가 닥쳐오면 그제야 "시간을 좀 더 효율적으로 썼어야 하는데……" 하며 후회한다. 아침에 남들보다 일찍 기상해서 오늘 주어진 시간을 어떻게 보낼 것인지 계획해보자. 그런 다음 그 계획에 맞게 하루의 시간을 알차게 보내면 성공에 쉽게 다가설 수 있다. 이렇듯 시간을 얼마만큼 잘 쓰느냐 하는 것은 성공에 큰 영향을 미친다. 그런데 시간을 알차게 쓴다는 것이 결코 쉬운 일은 아니다. 시간을 낭비하는 것에 이미 익숙해진 사람들은 그것을 단번에 바꾸기 어렵다. 하지만 시간을 효율적으로 쓰는 것에 처음부터 능통했던 사람은 별로 없다. 성공한 이들 중 대부분 도 처음에는 무척 어려워했을 것이다.

대기업을 이끌어가는, 이른바 크게 성공한 이들은 시간을 금쪽 같이 생각한다. 그들이 어떻게 시간을 효율적으로 쓸 수 있게 되었는지 그 비결을 알아보자.

"시간을 낭비하는 것이 버릇이라면 차근차근 그것을 고쳐나가야 합니다. 우선은 지난 일주일 동안 내가 어떻게 시간을 활용해서 얼마나 많은 일을 처리할 수 있었나 반성해보세요. 그리고 내가 낭비한 시간 만큼 맡은 일도 해결하지 못했다는 것을 인식해야 합니다. 이러한 일이 반복될 때 스스로가 부끄러워지면서 마음을 다잡을 수 있을 것입니다."

이에 대해 좀 더 구체적으로 생각해보자. 일주일은 168시간이다. 여기서 잠자는 시간과 밥 먹는 시간 등 꼭 써야 하는 시간을 뺀 나머지를 어떻게 썼는지 일일이 계산하는 것이다. 기간이 너무 길어 감이 잡히지 않는다면 하루로 끊어서 계산해도 괜찮다. 24

시간에서 잠자는 시간으로 7시간을 빼면 17시간이 남는다. 또 여기서 꼭 써야 하는 시간을 제하면 여가 시간이 얼마나 남는지 알 수 있다. 그리고 '여가 시간에 텔레비전만 보고 있었구나.', '친구들과 수다를 너무 많이 떨었어' 등 자기반성을 하게 된다. 그리고 스스로 알차게 시간을 보냈다는 생각이 들면서 흡족해질 때까지 반성을 계속해야 할 것이다. 처음부터 너무 무리할 필요는 없다. 그러면 오히려 자신이 세웠던 계획을 지키기 힘들게 되고 계획을 세워봤자 소용이 없다는 생각을 하게 될지도 모른다. 소소한 계획을 세우고 그것을 하나하나 성공시키면 나중에는 일부러 생각하지 않아도 시간을 알차게 쓰고 있는 나를 발견할 수 있다.

시간을 관리하는 일은 농사를 짓는 것과 다를 바가 없다. 밭에 씨만 뿌린다고 해서 수확물을 거둘 수 있는 것은 아니다. 시기에 맞게 부지런히 물과 거름을 주고 잡초도 뽑아주어야 하는 것이다. 마찬가지로 시간이 주어졌다고 해도 일은 저절로 이루어지지 않는다. 이 시간을 어떻게 활용할지 계획을 세우고 그에 따라 실천을 해야 한다. 익숙지 않더라도 성공을 위해 차근차근 행동으로 옮겨보자.

● 우리는 귀한 시간을 너무나도 쉽게 낭비하곤 한다.
● 아침에 남들보다 일찍 기상해서 오늘 주어진 시간을 어떻게 보낼 것인지 계획하라.
● 계획에 맞게 하루의 시간을 알차게 보내라.
● 스스로 알차게 시간을 보냈다는 생각이 들면서 흡족해질 때까지 계속해서 반성하라.

# 메모를 통해 시간을
# 절약 할 수 있다

메모는 기억하는 일의 가장 좋은 전술이 된다.

《안네의 일기》는 누구나 한 번쯤은 읽어봤을 법한 명작이다. 명작 임에도 불구하고 이 책은 특정한 작가가 고심하며 집필한 것이 아니다. 열세 살의 안네가 유대인 학살이 전염병처럼 퍼지던 시절 친구 대신 일기에 자신의 이야기를 한 것이 세계명작이 된 것이다. 이렇듯 기록의 힘은 대단하다고 할 수 있다.

유대인의 이야기를 다룬 책을 읽어보면 그들이 메모를 얼마나 중요하게 생각하는지 알 수 있다. 유대인들 중 성공한 사람이 많은 이유가 사소한 일까지 메모를 하는 습관 때문이라고 해도 과언이 아니다. 성공할 수 있는 비결이 메모에 있다고 하니 굉장히 대단하고 거창한 메모법일 것이라고 생각할 수도 있지만 실은 전혀 그렇지 않다. 하다못해 그들은 노트 같은 것을 따로 준비하지도 않는다. 담배를 사면 담뱃 갑이 노트가 되고 껌을 사면 껌의 포장지가 노트가 되는 것이다. 유대인들은 그곳에 사업상 잊어서는 안 될 약속 등을 메모한다. 사업을 할 때 약속을 지키는 것만큼 중요한 일이 없다는 것을 알기 때문이다. 따라서 유대인들은 빈말이나 기약 없는 약속을 좋아하지 않으며 아예 하지도 않는다.

우리는 "언제 밥 한 끼 먹자"라는 약속을 너무나도 쉽게 한다. 그리고 이 말은 어느 순간부터 약속이 아닌 인사치레가 되어버렸다. 그런데 내가 먼저 이러한 말을 진심을 다해 한 다음 메모를 통해 기억하고 있다가 지킨다면 상대는 생각지도 못한 호의를 받았다고 느낄 수 있다. 또한 더 나아가 상대와의 사이는 더할 나위 없이 좋아질 것이다. 이것이 바로 메모의 힘이다.

현대사회는 정보화 사회다. 인터넷에서 순식간에 엄청난 정보들을 볼 수 있는 것이다. 하지만 아무리 천재라도 이처럼 수많은 정보를 모두 머릿속에 집어넣어 자신의 것으로 만들지는 못할 것이다. 따라서 인터넷이라는 바다에서 둥둥 떠다니는 정보들 중 나에게 필요한 것 만 골라 기억해야 한다. 바로 이때 메모가 기억하는 일의 가장 좋은 전술이 된다. 우리의 기억력에는 한계가 있기 때문이다. 우리는 메모하는 것이 얼마나 큰 도움이 되는지 이미 알고 있다. 하지만 이를 성가시거나 거창하게 여기기 마련이다. 유대인들처럼 메모라는 것이 그렇게 거창하거나 힘든 일이 아니라는 것을 알 필요가 있다.

성공한 이들 중 메모하는 습관을 가지고 있는 사람의 이야기를 예로 들어보자. 어떤 기업의 사장은 외국 바이어들과 거래를 할 때마다 원활한 진행을 위해 통역사를 옆에 두었는데, 공책을 들고 다니면서 통역사의 말을 모두 받아 적곤 했다. 또한 일단 배울 점이 있는 사람이라는 생각이 들면 그가 자신보다 아랫사람이라도 그의 장점을 메모 하기까지 했다. 이제는 머리가 희끗희끗해진 할아버지가 다 되었지만 메모하는 습관만은 어떤 젊은이도 따라잡을 수 없다고 할 수 있다. 메모를 하면 어떤 점이 좋은지 물어보았더니 그는 어떤 일을 처리할 때 메모했던 것을 참고하면 더 기발한 생각이 떠오를 수 있을 뿐만 아니라 시간까지 절약할 수 있다고 했다.

메모하는 것의 장점을 더 구체적으로 살펴보자. 우선 어떠한 일을 맡더라도 마음을 편히 가질 수 있다. '어떻게 하는 것이었지?' 하고 초조해 할 필요가 없다는 것이다. 생각이 나지 않더라도 기록했던 것을 보고 '맞다!' 하면서 능숙하게 일을 처리할 수 있으니 말이다. 또 이렇게 되면 실수하는 일이 줄어들 수 있다. 메모하는 습관을 들여 실수로 일을 제대로 해내지 못해 상사에게 혼나는 일이 없어지길 바란다. 마지막으로 위에서도 언급했듯이 무심코 해놓았던 메모에서 창의적인 아이디어가 떠오를 수도 있다. 따라서 억지로 대충 메모하지 말고 나에게 언젠가 도움이 될 것이라 생각하면서 메모하는 일에 공을 들이는 것이 좋다.

이처럼 사소한 일도 메모를 하는 습관을 들이면 일을 더욱 성공으로 해낼 수 있게 되고 시간까지 절약할 수 있어 능률이 올라간다.

좋은 습관

● 우리의 기억력에는 한계가 있다. 그래서 기록은 하여야 한다.
● 기록의 힘은 대단하다.
● 일을 처리할 때 메모했던 것을 참고하면 더 기발한 생각이 떠오를 수 있을 뿐만 아니라 시간까지 절약할 수 있다.
● 성공할 수 있는 비결은 메모에 있다.

# 자투리 시간은
# 성공의 묘책이다

잠깐의 시간을 모아서 계산해보면 꽤 긴 시간이 된다.

《나는 고양이》라는 소설에는 '자신이 능히 해내지 못할 정도의 일을 시작해놓고 힘들다고 하는 것은 스스로 불을 피워놓고 덥다 하는 것과 다름없다'는 구절이 나온다. 자신이 해낼 수 있을 만큼의 일만 해야 한다는 뜻이겠지만 여기서는 다르게 생각해보려 한다.

우리는 보통 그것이 돈이든 시간이든 작은 것은 별로 대수롭지 않게 여기곤 한다. 큰 액수의 돈이 들어 있는 지갑을 잃어버리면 어떻게든 찾으려고 노력하지만 동전을 잃어버리면 별 신경을 쓰지 않는 것이다. 하지만 작은 동전이 모여 지폐가 되고 그것이 더 모이면 더욱 큰 액수가 될 수 있다는 사실을 잊지 말아야 한다.

이는 시간을 쓸 때도 마찬가지다. 우리가 무심하게 지나쳐버릴 수 있는 분 단위의 시간, 이른바 자투리 시간을 챙겨야 한다는 것이다. 출퇴근을 하는 지하철에서의 시간이나 점심을 먹고 남는 잠깐의 시간, 잠들기 전까지의 시간 등을 자투리 시간이라고 할 수 있다. 따로 떼어서 보면 10분이나 30분 등 보잘것없는 시간처럼 느껴지기 때문에 우리는 대개 이 시간을 그냥 무심코 보내버린다. 하지만 잠깐의 시간을 모아서 계산해보면 꽤 긴 시간이 된다는 것을 깨달아야 할 것이다.

이러한 자투리 시간을 최대한 유용하게 쓰면 훨씬 더 많은 양의 일을 해내게 될지도 모른다. 더 나아가 일을 다 하지 못해 야근을 하고 심할 때는 주말까지 반납해야 했던 날들을 더 이상 되풀이하지 않아도 된다. 이렇게 되면 일의 능률이 올라 성공에 한 발짝 더 다가설 수 있는 것이다.

### 좋은 습관

● 자투리 시간을 챙겨야 한다.
● 자투리 시간을 최대한 유용하게 쓰면 훨씬 더 많은 양의 일을 해낼 수 있다.
● 매분, 매시간, 매일, 매월 시간을 합리적으로 사용 했는지 기록하고 평가하라.

part 09

# 인맥을 확대하기 위한 노력

# 믿음을 주는
# 것이 먼저다

신뢰, 평판, 성공은 같은 선상에 놓여 있다.

다른 사람이 자신을 싫어하기를 바라는 이는 없을 것이다. 하지만 자신에게 고쳐야 할 점이 있다는 것을 알고 그 때문에 다른 사람들이 자신을 싫어한다는 것을 알고 있음에도 불구하고, 이 악순환 속에서 헤어 나오지 못하는 이들이 많다는 것이 문제다. 다른 사람 간의 관계에서 가장 고민이 되는 부분이 바로 이러한 것이라 할 수 있다. 성공하기 위해서는 다른 사람과 관계를 돈독히하고 그들에게 믿음을 주어야 하는데 말이다.

다른 사람과 잘 어울리지 못하고 어딘지 모르게 음침한 기운을 풍기는 사람에게 다가가기란 쉽지 않다. 하지만 이들도 보통사람들과 크게 다르지 않다는 것을 알아야 한다. 사람이라면 누구나 다른 사람에게 인정을 받고 싶어 한다는 것이 기정사실이기 때문에 내가 먼저 다가가 그들의 마음에 들고자 노력한다면 그들도 나에게 호의적으로 대해줄 것이다. 곤란한 상황에 빠져 좌절하고 있는 이들에게도 마찬 가지다. 절망의 구렁텅이에 빠지면 모든 의욕을 상실할 수밖에 없으며 심하면 사람 자체를 피하게 될지도 모른다. 이때 만약 내가 내밀어준 손으로 이들이 일어설 수 있게 된다면 그 후 확실한 나의 편이 되어 줄 수 있을 것이다.

어떤 한 남자의 이야기를 예로 들어보자. 남자는 대학교 4학년 때 대기업에 작은 부품을 납품하는 작고 보잘것없는 사업에서부터 시작해 단 몇 년 사이에 큰 사업가가 되어 주위 사람들로부터 사업의 천재라는 소리를 들었다. 특별한 비결이 있었기 때문에 그가 성공할 수 있었던 것은 아니다.

거래처에서 부품의 품질을 들먹이며 불만을 쏟아내도 그는 되받아 치지 않고 요구사항을 들어줬다. 사소한 것 하나하나까지 걸고넘어지는 사람들은 보통 심리적으로 많이 불안해 있다는 사실을 알고, 이들의 사적인 문제에까지도 관심을 보이며 고민거리를 털어내도록 유도한 후 조언까지 마다하지 않았다. 이 남자의 적절한 대응 방식 덕분에 거래처 사람들은 하나같이 그를 신뢰할 수 있게 되었고, 간혹 부품의 질이 떨어지는 날이 있어도 그에게 등을 돌리지 않았으므로 성공할 수 있었던 것이다.

　매사에 깐깐하게 구는 사람의 마음을 얻기가 의외로 더 수월하다는 모순적인 말을 기억해야 한다. 까다롭고 의심이 많은 사람의 주위에는 아무도 가고 싶어 하지 않으며, 결국 그 사람은 외로운 처지에 놓이기 마련이다. 때문에 이들은 겉으로는 사람을 경계하고 의심하는 것처럼 보이지만 사실 그 누구보다도 사람을 그리워하고, 믿고 의지하고 싶어 한다고 할 수 있는 것이다. 이 점을 명심해두고 보통사람들 뿐만아니라 이들에게도 신뢰를 얻는다면 성공은 떼놓은 당상이다.

　프랭클린은 믿음에 대해 이야기하며 다음과 같은 충고를 잊지 않았다.

　"적은 돈으로 더 많은 돈을 만들 수 있는 방법이 있다. 6파운드라는 돈을 가지고 있다고 생각해보자. 이 돈은 얼마 되지 않지만 내가 평소 사람들에게 두터운 신뢰를 받았다면 자신을 담보로 100파운드까지도 사용할 수 있을 것이다."

　힐튼 역시 대공황 때문에 세상이 어지럽던 시절 여행자들을 위한 호텔을 지으려고 했지만 돈이 부족했다. 게다가 담보라곤 힐튼이라는 이름뿐이었다. 하지만 그동안 사람들에게 신뢰를 받아온 덕분에 힐튼 은 무사히 돈을 빌릴 수 있었고 성공한 다음에는 그 돈을 몇 배로 갚았다. 힐튼이라는 이름은 아직까지도 명성을 이어오고 있다.

이처럼 신뢰는 위기 상황에서 그 진가가 더욱 두드러질 수 있다. 이것은 사람의 마음을 움직이는 강력한 무기가 될 수 있고 더 나아가 성공의 여부에도 크게 영향을 미친다. 신뢰, 평판, 성공은 같은 선상에 놓여 있다. 다시 말해 사람들로부터 신뢰를 얻으면 나머지 두 가지도 자연히 얻을 수 있다는 것이다.

 좋은 습관

- 성공하기 위해서는 다른 사람과 관계를 돈독히 하고 그들에게 믿음을 주어야 한다.
- 신뢰는 위기 상황에서 그 진가가 더욱 두드러진다.
- 신뢰는 사람의 마음을 움직이는 강력한 무기다.
- 신뢰는 성공의 여부에도 크게 영향을 미친다.
- 사람들로부터 신뢰를 얻으면 평판과 성공은 자연히 얻을 수 있다.

# 겉모습으로
# 판단하지 마라

내가 무시한 사람을 언제 어떻게 다시 만날지 모른다.

'어떤 사람이 볼품없는 복장으로 다니더라도 무시해서는 안 된다'는 말을 들어본 적이 있을 것이다. 어느 날 갑자기 그 사람이 나의 윗사람이 되어 정장을 차려입고 다닐 수도 있기 때문이다.

한 노인이 남루한 옷차림으로 어느 일류 호텔에 들어서려 했다. 그런데 호텔 직원이 노인의 차림새를 곁눈질하며 그를 막아섰다. 노인은 매우 불쾌해 하며 직원에게 자신의 명함을 내밀었다. 명함을 본 호텔의 직원은 어쩔 줄을 몰라 했다. 그 노인이 바로 세계에서도 알아주는 이 호텔의 회장이었기 때문이다.

사람이라면 누구나 다른 이에게 무시당하는 것을 언짢아할 것이다. 내가 무시한 사람을 언제 어떻게 다시 만날지 모르는 일이기 때문에 우리는 다른 사람을 함부로 무시해서는 안 된다. '관중들은 내가 피아노 앞에 앉는 것을 보고 웃었다. 하지만 내가 피아노를 치기 시작하자 그들의 비웃음은 곧 놀라움으로 변했다.'

위의 문장은 한 피아노 제작 회사의 광고 문구였다. 이 회사는 광고의 덕을 톡톡히 볼 수 있었다. 광고가 방영된 후 매출이 몇 배로 뛰어 올랐던 것이다.

### 좋은 습관

- 사람이라면 누구나 다른 이에게 무시당하는 것을 언짢아한다.
- 다른 사람을 함부로 무시하지 마라.

# 상대에게 인정받게
# 만들어라

내가 먼저 상대를 인정할 수 있어야 한다.

상대방에게 인정을 받고 싶다는 것은 무시당하고 싶지 않다는 것과 같다. 열등감은 바로 이러한 바람이 이루어지지 않았을 때 나타나는 것이다. 이러한 사람들의 심리를 반영한 것이 앞의 장에서 말한 광고의 문구다.

다른 사람에게 인정을 받음으로써 열등감을 극복하고 싶다면 내가 먼저 상대를 인정할 수 있어야 한다. 그리고 보면 제일 쉬운 것 중 하나가 상대방에게 호감을 주는 것이다. 내가 먼저 그들에게 호감을 느끼려고 노력하면 된다.

사람 대하는 것을 어렵게 생각하는 이들도 물론 있다. 자신과 이야기 하는 것을 상대가 별로 좋아하지 않을 것이라는 생각을 지레 하기 때문이다. 하지만 그렇게 겁부터 먹기보다는 내가 먼저 상대를 기쁘게 할 수 있는 대화를 이끌어가려고 노력하는 것이 좋다. 또한 거기서 그칠 것이 아니라 대화를 끝내고 헤어질 때도 상대가 아쉬워할 수 있게 해야 한다. 헤어지는 것까지 즐겁게 해서는 안 되는 것이다. 상대를 '두 번 기쁘게' 할 필요는 없다.

그렇기 때문에 만날 때 하는 인사만큼이나 헤어질 때 하는 인사 역시 중요하다. 처음 인사를 할 때는 내가 당신에게 많은 관심을 가지고 있다는 것을 표현하는 것이 좋다. 예를 들어 "이야기 많이 들었습니다."나 "꼭 한 번 뵙고 싶었습니다."라는 식으로 말이다. 헤어질 때는 "정말 아쉽습니다."나 "다음에 꼭 다시 대접할 기회를 주세요" 등의 말이 필요하다.

어떠한 목적을 가지고 하는 만남이든 내가 당신과 있는 시간을 귀하게 생각하고 있다는 느낌을 상대방이 계속 받을 수 있도록 해야 하는 것이다.

### 좋은 습관

- 제일 쉬운 것 중 하나가 상대방에게 호감을 주는 것이다.
- 내가 먼저 상대에게 호감을 느끼려고 노력하라.
- 만날 때 하는 인사만큼이나 헤어질 때 하는 인사 역시 중요하다.
- 내가 당신과 있는 시간을 귀하게 생각하고 있다는 느낌을 상대방이 계속 받을 수 있도록 해야 한다.

# 좋은 친구를
# 사귀도록 하라

살아가는 동안 꼭 해야 할 일 중 하나가 바로
좋은 친구를 사귀는 것이다.

우리는 종종 어떤 모임에서 주목을 받기 위해 그 자리에 있지 않은 다른 사람을 헐뜯거나 과한 자기 자랑을 하곤 한다. 하지만 모인 사람들이 그 순간에 동조를 해준다 하더라도 뒤에서는 또 내 욕을 할지도 모른다. 따라서 소문의 근원이 되는 것은 좋지 않다. 다른 사람의 허물을 입에 오르내리는 것을 즐기는 사람의 주변에는 진실한 사람이 많지 않을 수밖에 없다. 자기 자랑도 적당히 하는 것이 좋다. 나를 치켜세우는 것은 상대에게 어필하는 방법이 될 수도 있지만 정도를 넘어서면 역효과가 나기 때문이다.

또 주의해야 할 점은 상대가 얘기한 것을 되도록 믿어야 한다는 것이다. 이는 "사람을 의심할 바에야 차라리 속아주는 것이 더 좋다"라는 중국의 속담에서도 알 수 있다.

내가 상대를 믿지 못하면 진실한 나의 모습을 보여주지 않게 되고 그에 따라 나 역시 상대에게 믿음을 주지 못하는 사람이 되어버린다. 의심스럽다는 것을 말로 표현할 경우에는 최대한 조심스럽게 하지 않으면 안 된다. 말은 물처럼 쉽게 흘러나올 수가 있지만 결코 주워 담을 수는 없기 때문이다.

살아가는 동안 꼭 해야 할 일 중 하나가 바로 좋은 친구를 사귀는 것이다. 암만 나 혼자 잘났더라도 나와 함께할 수 있는 동료가 없다면 성공하기 어렵다는 것을 명심해야 한다.

아래에 나열한 방법으로 상대에게 필요한 사람이 되도록 하자.

첫째, 내가 먼저 물을 건네기 전에 상대방이 갈증 나게 해야 한다. 상대가 먼저 나와 가까워지길 원한다면 그를 내 편으로 만들기는 더욱 쉽다. 내가 누군가를 쫓아다니기보다는 누군가가 나를 쫓아다니게 만들어야 하는 것이다. 내가 다른 사람을 잡아끌 수 있는 매력을 가지고 있어야 그렇게 될 수 있다. 즉, 당신과 친해지고 싶다는 목마름을 느끼게 해야 한다.

둘째, 속물이 되지는 말자.

상대가 당신에게 호감을 표시한다면 그때부터는 나도 상대에게 베푸는 것이 좋다. 받을 줄만 알고 줄줄은 모르는 사람은 좋은 인상을 남기지 못한다. 따라서 상대에게 친절을 베풀 수 있을 만한 넓은 아량을 항상 준비하고 있어야 한다. 받을 때보다 베풀 때 상대의 나에 대한 신뢰는 더욱 높아진다.

셋째, 나보다는 상대를 우대하는 것이 좋다.

상대의 입장에서 생각하고 나보다 상대를 더 위해주는 것은 상대가 나와 친해지고 싶어 안달 나게 하는 또 하나의 방법이 된다. 예를 들어 상대가 좋아하는 것이 무엇인지, 어떤 것을 즐겨 하는지 미리 알아보자. 그런 다음 설사 그것이 나와 맞지 않는다 하더라도 같이 해보려고 노력해야 한다. 나보다 상대가 먼저 내 눈치를 보기 전에 말이다.

넷째, 설득시킬 수 없는 상대를 만났다면 차라리 그와 한 편이 되는 쪽을 택하라.

상대를 내 편으로 만들 수 없다면 적이 되는 것보다 차라리 내가 그의 편이 되는 것이 낫다. 지금 당장은 한 걸음 물러선다 해

도 나중에 이것이 두 걸음 더 나아갈 수 있게 하는 매개체가 된다
는 것을 명심해야 한다.

### 좋은 습관

- 소문의 근원이 되지 마라.
- 자기 자랑은 적당히 하라.
- 상대가 얘기한 것은 되도록 믿어라.
- 상대에게 필요한 사람이 되어라.
- 누군가가 나를 쫓아다니게 만들어라.
- 받을 때보다 베풀 때 상대는 나에 대한 신뢰가 더욱 높아진다.
- 나보다 상대를 더 위해주어라.
- 내 편으로 만들 수 없다면 적이 되는 것보다 내가 그의 편이 되는 것이 낫다.

# 편견과 고정
# 관념을 버려라

선입관 때문에 생기는 편견은 상대와 관계를 맺을 때
실수하게 만들기도 한다.

상대를 얼마 겪어보지도 않고 어떤 사람인지 판단하는 것은 내가 가지고 있는 선입관 때문이다. "쟤는 성격이 안 좋을 것 같아", "저 사람은 너무 까다로워 보여" 등의 말을 예로 들 수 있다. 또한 제복을 입은 사람이 나에게 다가오면 왠지 겁을 먹게 되는 것도 고정관념 때문이다.

선입관 때문에 생기는 편견은 상대와 관계를 맺을 때 실수하게 만들기도 한다. 상대를 제대로 파악하기도 전에 오인하는 것이다. "저 사람은 너무 깐깐해"라는 말을 주위에서 듣게 된다면 그와 이야기도 나누기 전에 '깐깐한 사람이니 되도록 피해야겠다.'

라고 판단을 내려버린다.

이러한 선입관은 사사로운 문제에만 영향을 미치지 않는다. 히틀러가 유대인을 학살한 것이나 유고슬라비아의 내전에서 민족 말살이 일어난 것에도 선입관이 영향력을 아주 미치지 않았다고는 말할 수 없다. 선입관은 그만큼 무서운 것이다.

선입관 때문에 좋지 않게 여겼던 사람과 이야기해봤을 때 자신이 생각했던 것과 전혀 달랐던 경우가 종종 있었을 것이다. 선입관을 통해서가 아닌 직접 그 상대와 소통하고 부대껴봐야 그 사람의 진가를 알 수 있다. 따라서 주위 사람들이 선입관에 의해 어떤 사람을 나쁘게 말한다고 해도 맞장구치지 말아야 한다. 상대와 직접 소통했을 때 받는 느낌대로 상대를 대하는 것이 진실한 인간관계를 만들어 나갈 수 있는 습관이다.

### 좋은 습관

- 상대를 얼마 겪어보지도 않고 어떤 사람인지 판단하지 마라.
- 직접 상대와 소통하고 부대껴봐야 그 사람의 진가를 알 수 있다.
- 주위 사람들이 선입관에 의해 어떤 사람을 나쁘게 말한다고 해도 맞장구치지 마라.
- 소통했을 때 받는 느낌대로 상대를 대해야 진실한 인간관계를 만들어 나갈 수 있다.

# 사소한 관심으로
# 부터 시작이다

진실한 관심이 상대를 감격하게 하고 나를 향해
가까이 다가오게 한다.

기원전 100년, 로마의 시인인 '파브릴리우스 시루스'는 다음과 같은 이야기를 했다.

"우리는 늘 자기 자신에 대해서 관심을 갖게 마련이다."

이는 우리가 다른 사람을 대할 때도 자신을 중심에 두고 있다는 것을 의미한다. 우리는 다른 사람들로부터 주목받기 위해 갖은 수를 부린다. 하지만 이 중에는 실속이 없는 것이 대부분이다. 사람들은 남에게 주목하는 것보다 자기 자신에게 주목하는 것을 더 즐기기 때문이다.

이전의 어느 때에 뉴욕에 있는 어떤 통신회사에서 사람들이 전화할 때 가장 많이 사용하는 말이 무엇인지 조사했다. 그 결과 '나'라는 말이 1위를 차지했다. 이를 통해서도 우리가 얼마나 자기중심적으로 살고 있는지 알 수 있다. 만약 자신은 아닌 것이라고 여긴다면 아래에 대해 생각해보라.

'단체원들의 이름이 실린 문서를 받았을 때 제일 먼저 누구의 이름부터 찾는가?'

'나 자신도 힘들 때 다른 누군가를 진심으로 위로해줄 수 있는가?' 그럼에도 불구하고 우리는 상대에게도 관심을 가져야 한다. 상대에게 관심을 가지는 사람이 드물면서 그것이 가지는 힘이 더 커졌기 때문이다.

다음은 심리학자 알프렛 아들러의 말이다.

"남에게 관심을 갖지 않는 사람은 역경 속에서 삶을 보내게 되고 상대에게는 무거운 짐짝이 될 수밖에 없다. 세상에서 일어나는 실패 중 대부분이 바로 이러한 사람들에게서 생기는 것이다."

상대와 진정한 친구가 되고 싶다면 내가 먼저 상대를 위해 온 마음을 바치는 것이 좋다. 이렇게 가지는 진실한 관심이 상대를 감격하게 하고 나를 향해 가까이 다가오게 한다.

독일이 제1차 세계대전에서 패배하자 그 책임의 화살은 당시의 황제 빌헬름 2세에게 돌아갔다. 안 그래도 쓰라린 패배의 아픔 때문에 고통스러웠던 빌헬름 2세는 신하들까지 등을 돌리자 배신감으로 더 큰 고통을 맛보게 되었다. 심지어 훗날에는 쿠데타까지 일어날 수도 있다는 불안감에 휩싸였다. 그러던 중 황제는 어떤 소년으로부터 한 통의 편지를 받았다.

혹여 폐하를 미워하는 사람이 있을지라도 소인은 영원히 폐하를 황제로서 떠받들 것입니다. 우리나라를 이끌어갈 리더는 바로 폐하이시니까요.

편지를 읽은 빌헬름 2세는 크게 감격했고 편지를 쓴 소년을 불러들였다. 궁궐로 찾아온 소년은 어머니와 함께였다. 그리고 소년뿐만 아니라 소년의 어머니 역시 온 마음을 다해 빌헬름 2세를 달래주었다. 그러자 빌헬름 2세는 살벌한 세상에 대한 두려움을 떨치고 마음을 안정시킬 수 있었다. 또한 빌헬름 2세와 소년의 어머니는 결혼에 골인하게 되었다.

루스벨트는 승자를 찬양하고 패자를 경멸하는 미국 문화에서 가난하고 실패한 사람들의 친구였다. 그에 따라 많은 사람들로부터 사랑과 존경을 얻었다. 임기를 마친 그가 어느 날 백악관에 찾아갔던 적이 있었다. 그때 마침 루스벨트 다음으로 당선되었던 해리 트루먼은 백악관에 있지 않았다. 루스벨트는 오래간만에 백악관을 방문했는데도 자신이 대통령직에 있었을 때부터 일했던 모든 일꾼들의 이름을 기억 했고 한 명 한 명에게 상냥하게 인사를 건넸다. 특히 주방장을 보조하던 앤을 본 순간 무척 반가워하며 말을 걸었다.

"앤 양의 옥수수빵 맛은 여전하지요?"

"하하, 그럼요. 그런데 현재 대통령 내외분께서는 잘 찾지 않으세요. 그냥 저희들이 먹기 위해 이따금씩 적은 양을 만들어내는 정도지요."

루스벨트는 앤 양의 말을 듣고 무척 유감스럽다는 표정으로 이야기했다.

"저런. 이렇게나 맛있는 빵을……. 그들에게 내가 직접 이 빵을 대접해야겠어요."

루스벨트는 그렇게 말한 다음 앤이 건네준 옥수수빵을 맛있게 먹으며 백악관을 좀 더 둘러보기 시작했다. 그러다가 다시 자신과 함께 일 했던 직원들을 보면 친절하게 그 사람의 이름을 불러주고 안부를 묻기도 했다. 그때 루스벨트의 인사를 받은 사람들은 아직까지도 그 일을 가슴에 품고 있다. 그중에서도 하이크 후버라는 사람은 언젠가 다음과 같이 이야기했다.

"루스벨트가 백악관을 떠나고 난후 근 2년 동안 이토록 행복했던 날이 있었을까요? 그 행복은 물질적인 것들을 얻었을 때의 행복과 비교할 수 없었습니다."

어떻게 하면 다른 사람의 호감을 얻을 수 있을지에 대한 사소하지만 근본이 되는 비법을 루스벨트는 꿰뚫고 있었던 것이다. 다시 말해 상대의 이름을 기억하고 불러주면 그 상대는 '나에게 관심이 있는 거 구나!'라고 생각하면서 감동을 받게 된다.

필라델피아 출신의 C.M 레이플은 어느 날 자신과 그리 사이가 좋지 않았던 이를 자신의 편으로 만드는 것에 성공했다. 바로 위에서 말한 비결을 통해서 말이다.

석탄 중개업자인 레이플은 한 대규모의 연쇄점에 석탄을 납품하기 위해 힘쓰곤 했다. 그러나 그 연쇄점에 일하고 있는 책임자는 다른 곳과 거래하고 있다며 번번이 거절했다. 레이플이 무려 10여 년 가까이 그 연쇄점의 주변만을 맴돌았는데도 말이다. 그 때문에 레이플은 자존심에 큰 상처를 입었고 공식 석상에서 연쇄점 제도는 이 땅에서 빨리 없어져야 한다는 발언까지 서슴지 않았다. 이때 레이플을 향해 완곡하게 한마디를 한 누군가가 있었다. 그렇게 이야기한다고 해서 일이 해결되는 것도 아니니 격하게 반응해봤자 좋을 것이 없다고 말이다.

그 대신 이렇게 해보면 어떻겠냐는 제안을 덧붙였다. 연쇄점에 대해 감정이 있는 네가 도리어 그 연쇄점이 발전할 수 있게 도움을 줘보라는 것이 그 내용이었다.

레이플은 석연치 않게 이를 받아들였지만 곧 '연쇄점이 전국적으로 확산되는 것은 국가에게 득인가, 실인가'라는 주제로 개최되는 전국 토론회에 나가기로 마음을 먹었다. 연쇄점에 감정이 있는 그가 도리어 연쇄점을 감싸고 발전하게 해야 한다는 주장을 펼치는 것이 쉽지만은 않았다. 토론회를 무사히 마친 후 레이플은 그 연쇄점의 책임자를 다시 만나러 갔다. 책임자 또한 근 10년간 지겹게 따라붙던 레이플을 견딜 수 없었기 때문에 잠깐 동안만이라는 조건하에 허락을 했다. 책임자의 방으로 들어간 레이플의 분위기는 많이 바뀌어 있었다.

"제가 저번과 같은 이유로 찾아왔다고 오해하지 말아 주셨으면 합니다. 연쇄점이 발전할 수 있도록 도움을 주는 활동을 하다 보니 그것의 장점을 알 수 있었습니다. 오늘은 그 사실을 말씀드리려고 온 것입니다."

상대에게 관심을 가지는 것이 얼마만큼 큰 효과를 지니는지 알고 싶은가? 그렇다면 집안에서 실제로 해보라. 자신의 집안에서 처럼 관심을 소홀하게 여기는 장소도 없지만 또한 그토록 필요로 하는 장소도 없으니까 말이다. 내가 먼저 집안에 관심을 가지지 않는다면 집안 내에 있는 모든 사람들이 그러할 것이고 결국 집안 분위기는 냉랭해질 것이다. 화목한 가정을 꾸리기 위해서는 식구들의 사소한 것 하나하나에 주의를 기울이는 것이 좋다. 아내가 머리를 새로 했을 때 "머리 바꿨네? 예쁘다"라는 간단한 말을 하는 정도는 그리 어렵지 않을 것이다.

스무 명 남짓한 여자를 꾀어내 그들의 모든 것을 제 것으로 만들어버린 사기꾼은 여자의 마음을 사로잡은 비결을 다음과 같이 이야기 했다.

"전혀 어렵지 않았습니다. 그 여자를 이야기의 주인공으로 만들어 주면 되는 것입니다."

1800년대 후반 열 살 정도 된 소년이 이탈리아에 있는 어느 공장에서 노동을 하고 있었다. 비록 공장에서 일하고 있었지만 소년은 테너의 꿈을 가지고 있었다. 그런데 학교 선생님은 그의 목소리를 듣고는 다음과 같이 비난했다.

"네가 노래를 부르면 마치 까마귀가 날아와 바로 옆에서 지저귀는 듯해. 다른 길을 찾아보는 것이 좋겠어."

소년은 선생님의 평을 듣고는 실망했고 곧 음악 공부를 포기해야겠다는 생각을 했다. 하지만 그러한 모습을 본 소년의 어머니는 "우리 아들은 틀림없이 최고의 테너가 될 수 있을 거야. 엄마한테는 그게 보여. 네가 엄청 열심히 연습하는 까닭인지 노래하는 실력이 나날이 발전하고 있는 걸" 하며 용기를 북돋워 주었다. 어머니의 이와 같은 응원은 소년이 다시 꿈꿀 수 있도록 해주었다. 그리고 더욱 열심히 공부하고 연습한 결과 소년은 마침내 세계에서 손꼽히는 테너가 될 수 있었다. 이 이야기는 바로 엔리코 카루소(이탈리아 테너 성악가)의 일화다.

카네기는 언젠가 헨리 수벤을 만나기 위해 라디오시티를 방문한 적이 있었다. 그런데 그곳이 RCA 빌딩에 있는 줄은 알고 있었지만 몇 층에 있는지까지는 알 수 없었다. 카네기는 이리저리 둘러보다가 안내 데스크에 있는 안내원을 찾아내고는 그녀를 향해 말을 걸었다.

"수고가 많으시네요. 라디오시티가 몇 층에 있는지 알고 싶어 왔습니다." 카네기의 물음에 안내원은 친절하면서도 품격 있는 말투로 답변을 해주었다.

"라디오시티는 18층 1816호실에 있습니다." 고맙다고 말한 후 그냥 돌아서서 가려던 카네기가 멈칫하더니 다시 한 번 안내원에게 말을 건넸다.

"제가 들었던 안내 중 최고였어요. 정보를 정확하게 전달해주면서도 친절함까지 잊지 않으니 말이에요. 다른 사람들은 따라서 할 수도 없을 것 같아요."

극찬을 받은 안내원은 더욱 환한 웃음을 지었다. 그러고는 그렇게 되기까지 얼마나 연습을 했는지, 이 일에 대해 어느 정도 자부심을 가지고 있는지 등 자신의 이야기를 하나하나 풀어놓기 시작했다. 카네기의 진심 어린 극찬이 안내원을 들뜨게 만들었기 때문이다. 칭찬 한마디로 상대를 이토록 기쁘게 할 수 있다. 내가 먼저 상대에게 사소한 관심을 보이면 상대 역시 나에게 호감을 표할 것이다.

좋은 습관

- 상대에게 관심을 가져라.
- 상대와 진정한 친구가 되고 싶다면 내가 먼저 상대를 위해 온 마음을 바쳐라.
- 상대의 이름을 기억하고 불러주어라.
- 자신의 집안부터 사소하지만 관심을 갖자.
- 화목한 가정을 꾸리기 위해서는 식구들의 사소한 것 하나하나에 주의를 기울여야 한다.
- 내가 먼저 상대에게 사소한 관심을 보이면 상대 역시 나에게 호감을 표한다.

# 약속은 지키라고
# 있는 것이다

우리는 짧은 시간의 소중함을 몰라도 너무 모른다.

여기저기 강연을 다니는 어떤 사람의 말을 빌리자면 정해진 시간에 강연을 시작한 적은 거의 드물다고 한다. 이는 강연을 하는 장소가 학교든 회사든 마찬가지며, 또한 강연을 시작하는 시간이 오전 9시든 오후 3시든 역시 마찬가지다. 보편적인 현상인 것이다. 그 이유는 강연을 듣는 사람들 중에 꼭 지각하는 이들이 한두 명씩 있기 때문이다. 위에서는 강연을 예로 들었지만 수업이나 회의의 경우에도 별반 다르지 않다.

왜 이러한 현상이 생기는 것일까? 사람들이 몇 시라는 시간을 '몇 시 정도'라고 제멋대로 판단하기 때문이 아닐까 하고 생각한다. 그 시간을 전후로 해 20분쯤의 '오차'가 있을 수 있다고 여기는 것이다. 우리는 짧은 시간의 소중함을 몰라도 너무 모른다. 앞으로는 정해진 시간 보다 5분 더 일찍 일정을 진행한다고 알리는 것이 더 나을 수 있다. 이 5분이라는 구체적인 시간 설정이 늘어진 사람을 압박하게 될 것이다. 시작하는 시간과 마찬가지로 끝나는 시간에도 역시 중요한 비밀이 숨겨져 있다. 따라서 회의 등을 할 때 끝나는 시간도 확실히 하는 것이 좋다. 사람은 제한된 시간이 가까워지면 더욱 능력을 나타내며 그것 이 무엇이든 효율적으로 해결하는 경향이 있기 때문이다. 이 마감 시간의 비밀은 좀 더 다양한 방법으로 활용될 수 있을지도 모른다.

원래는 한 시간밖에 걸리지 않을 회의가 30분, 경우에 따라서 한 시간 이상이나 지연되는 경우를 종종 보게 된다. 하지만 지연된 만큼 더 좋은 의견이 나올 것이라 여긴다면 그것은 오산이다. 사실상 그렇지 않은 경우가 더 많은 것이다. 손뼉을 칠만한 의견도 나오지 않은 채 똑같은 얘기만 반복되며 오히려 더 늘어질 뿐이다. 회의가 언제 끝날지 모르는 형편에서는 '남는 게 시간인데, 뭐' 하는 편안한 생각만 하기 쉽다. 그리고 '이 시간 안에 결정을 하지 못하면 안 된다'라는 명확한 목적의식이 없어진다. 따라서 모든 일에 끝나는 시간도 정해놓아야 한다. 마냥 시간을 길게 끄는 것보다 짧은 시간 동안 집중하는 것이 더 효율적이다.

 좋은 습관

● 구체적인 시간 설정은 늘어진 사람을 압박한다.
● 모든 일에 끝나는 시간도 정해놓아라.
● 마냥 시간을 길게 끄는 것보다 짧은 시간 동안 집중하는 것이 더 효율적이다.

# 내가 먼저
# 행동하라

남이 나에게 해주기를 바라는 대로 남에게 해주어라.

미국의 35대 대통령 케네디는 다음과 같은 말을 했다.

"국가가 나를 위해서 무엇을 해주기 바라기에 앞서 내가 국가를 위해 무엇을 할 것인가를 생각해야 한다."

이는 소극적으로 기다리기보다는 적극적으로 행동하는 것이 좋다는 뜻일 것이다. 또한 상대의 도움을 바란다면 내가 먼저 상대에게 베풀라는 뜻이기도 하다. 이에 대해 예수 역시 "남이 나에게 해주기를 바라는 대로 남에게 해주어라"라고 가르친 바 있다. 소소한 일이라도 그것을 행동으로 옮길 수 있는 능력, 남을 먼저 위해주는 습관을 가지도록 항상 노력해야 한다. 그렇다면 적극적인 사람이 되기 위해서는 어떻게 해야 할까? 선수를 치는 것이 바로 그 방법이 될 수 있다. 결론부터 이야기하는 것이다. 생각보다 간단하다고 여기는 사람도 있겠지만 소극적인 사람들은 이것조차도 어려워한다.

어떤 사람이 일을 성공적으로 끝내지 못한 채 직장 상사에게 그 결과를 보고하는 상황을 예로 들어보자. 이때 그가 소극적인 사람이라면 "그게……"라며 변명할 준비부터 할 것이다.

변명하기에 급급하기 때문에 정작 중요한 일의 결과는 말하지 못한 채 말이다. 겉도는 이야기만 들은 상사는 답답해하며 그래서 결과가 어떻게 되었는지만 말하라고 독촉할 것이다. 그리고 그는 곧 얼굴이 새빨개지며 꿀 먹은 벙어리가 될 수밖에 없다. 이러한 일이 반복되면 상사는 더 이상 그를 믿지 못하게 될지도 모른다.

물론 당장 태도를 고치는 것이 쉬운 일은 아니겠지만 상대가 묻기 전에 내가 먼저 결론부터 이야기하려고 노력하면 어느 순간 적극적으로 변한 자신을 볼 수 있을 것이다. 우유부단한 태도는 어떤 상황에서든 좋지 않은 결과만 나게 할 뿐이다.

좋은 습관

- 소극적으로 기다리기보다는 적극적으로 행동하는 것이 좋다.
- 상대보다 먼저 선수를 쳐 적극적 행동을 하라.
- 상대가 묻기 전에 내가 먼저 결론부터 이야기하라.
- 우유부단한 태도는 어떤 상황에서든 좋지 않다.

# part 10

# 성공을 위한
# 습관 만들기

# 좋은 습관이
# 좋은 결과를 만든다

평소에 하는 우리의 행동은 거의 90%가
습관에서 비롯된 것이다.

습관의 사전적 의미는 '어떤 행위를 오랫동안 되풀이하는 과정에서 저절로 익혀진 행동방식'이다. 그만큼 좋은 습관이건 나쁜 습관 이건 습관은 우리의 삶에 적지 않은 영향을 준다. 하지만 많은 사람들이 우리 삶에 미치는 습관의 영향력과 그 파급력이 어느 정도인지 제대로 알지 못한다. 우리가 평소에 하는 행동은 거의 90%가 습관에서 비롯된 것이다. 아침에 일어나 씻고, 옷을 입고, 밥을 먹고, 출근을 하는 등의 과정이 모두 무의식 상태에서 반복되고 있다. 바로 습관에 의해 이루어지고 있는 것이다. 내가 미처 의식하지 못하는 사이에 매일 수백 가지의 습관이 반복되고 있다고 할 수 있다.

심지어 다른 사람과 관계를 맺을 때도, 어떤 일을 처리할 때도 습관을 바탕으로 한다. 또한 어떤 습관을 가졌는지를 통해 그 사람이 어떤 사람인지 판단할 수도 있다. 인사를 할 때, 밥을 먹을 때, 전화를 받을 때 등 일상의 사소한 습관에서 가정교육을 어떻게 받았는지, 됨됨이는 어떠한지가 드러나기도 하기 때문이다. 예를 들어 밥을 먹을 때마다 많이 흘리며 먹는 사람을 보면 '덜렁거리는 사람이구나'라는 생각을 하게 된다. 따라서 습관은 개인을 비추는 거울이라 할 수 있다.

고대의 철학자 아리스토텔레스는 이렇게 말했다.

"미덕을 만드는 것은 정당하고 절도 있는 행동으로 이루어진 습관이다."

좋은 습관이 좋은 결과를 만든다. 내가, 내 주변 사람들이, 나아가 모든 사람들이 좋은 습관으로 미덕을 행하면 사회가 좀 더 아름다워질지 모른다.

### 좋은 습관

- 좋은 습관이건 나쁜 습관이건 습관은 우리의 삶에 적지 않은 영향을 준다.
- 어떤 습관을 가졌는지를 통해 그 사람이 어떤 사람인지 판단할 수 있다.
- 습관은 개인을 비추는 거울이다.
- 좋은 습관이 좋은 결과를 만든다.

# 끊임없는 노력이
# 큰 성공을 가져 온다

### 습관에는 선천적 요인을 뛰어넘을 힘이 있다.

부모로부터 좋은 머리를 물려받은 사람은 지능이 높다. 지능이 유전 된다는 것은 부정할 수 없는 사실이다. 유전된 피부색을 바꿀 수 없듯이 지능 자체는 끌어올릴 수 없다. 하지만 좋은 습관을 들이면 더 많은 교육을 받을 수 있고, 그로 인해 지능의 빈자리를 채울 수 있는 많은 지식을 획득할 수 있다. 이처럼 습관에는 선천적 요인을 뛰어넘을 힘이 있다.

위대한 발명가인 에디슨은 일생 동안 전구와 축음기, 영사기를 포함한 1천여 개를 발명품을 만들어냈다. 그렇다면 에디슨은 어떻게 천재 발명가가 될 수 있었을까? 그는 이에 대해 다음과 같이 말했다.

"생각하는 힘을 키우면 뇌의 용량이 확대되고 새로운 능력을 가질 수 있게 된다. 생각하는 습관을 가지지 못한 사람은 인생에서 가장 큰 즐거움을 놓친 것이다."

생각하는 습관을 가지고 있었기 때문에 성공할 수 있었다고 말한 것이다. 또한 그는 분명 뛰어난 능력을 가진 천재 발명가였음에도 불구하고 천재성이나 능력이 아닌 끊임없는 노력과 의지에서 자신이 성공한 이유를 찾았다. 에디슨은 끝까지 포기하지 않는 습관을 가지고 있었다. 그는 이렇게 말하기도 했다.

"성공에 얼마나 가까이 다가가 있는지 깨닫지 못하고 포기하는 사람이 바로 실패자다."

이 말에 걸맞게 그는 전구를 발명할 때 가장 적합한 재료를 찾기 위해 무려 1만 번이나 실험을 했다. 그가 위대한 발명가가 될 수 있었던 이유는 재능이 있었기 때문이 아니라 포기하지 않고 끊임없이 노력하는 습관이 있었기 때문이다.

"천재는 1%의 영감과 99%의 노력으로 이루어진다."

- 좋은 습관을 들이면 더 많은 교육을 받을 수 있고, 지능의 빈자리를 채울 수 있는 많은 지식을 획득할 수 있다.
- 에디슨은 천재성이나 능력이 아닌 끊임없는 노력과 의지에서 자신이 성공한 이유를 찾았다.
- 성공에 얼마나 가까이 다가가 있는지 깨닫지 못하고 포기하는 사람이 바로 실패자다.
- 천재는 1%의 영감과 99%의 노력으로 이루어진다.

# 성패를 좌우하는 건
# 습관에 달려있다

성공한 사람들의 공통적인 특징은 좋은 습관을 가지고
생활하고 있다는 점이다.

의사, 판사, 변호사, CEO 등 각 분야에서 성공한 사람들이 가지고 있는 비결은 무엇일까? 바로 좋은 습관이다. 좋은 습관을 가지고 생활 하고 있다는 점이 성공한 사람들의 공통적인 특징이라 할 수 있다. 물론 그들에게도 나쁜 습관이 있기야 하겠지만 나쁜 습관보다 좋은 습관이 더 많을 것이다.

이들이 성공할 수 있었던 이유는 다른 사람보다 지적 능력이 높아서가 아니다. 다만 더 많이 노력하고, 더 많이 연습하고, 더 많이 준비 하는 습관을 가지고 있었을 뿐이다. 좋은 습관을 가지고 있어서 더 많은 교육을 받아 더 많은 지식을 습득할 수 있었으며,

그로 인해 더 뛰어난 능력을 갖추게 된 것이다. 또한 굳은 의지와 매사에 열심히 하는 성격 역시 성공한 사람들에게 선천적으로 나타나는 것이 아니다. 다만 그런 습관을 가지려고 노력했을 뿐이다.

좋은 습관은 노력으로 얻을 수 있으며, 자신이 미처 인식하지 못하고 있었던 잠재력을 더 많이 발휘하게 한다.

어느 회사에서 윗사람이 아랫사람에게 일을 하나 맡겼다고 가정해 보자. 이랬을 때 기대 이상의 결과를 보여준 사람과 그렇지 못한 사람의 차이는 무엇일까?

기대 이하의 성과를 보여준 이유를 보통 그 사람의 게으름 때문이라고 말한다. 뒤에서도 언급하겠지만 게으름도 나쁜 습관 중하나다. 산만함, 시간관념의 부재, 의지박약 등이 복합적으로 작용한 결과인 것이다. 이와는 달리 기대 이상의 성과를 보여준 사람은 집중력, 시간 관념, 굳은 의지 등을 토대로 한 좋은 습관을 가지고 있기 마련이다.

습관을 살펴보면 그 사람이 일을 기대 이상으로 처리할 사람인지, 기대 이하로 처리할 사람인지를 알 수 있다. 부모로부터 물려받는 습관도 있겠으나 유전보다는 환경에 영향을 많이 받는 습관도 있다고 할 수 있다.

성공한 사람들 중에는 행동력이 뛰어난 이들이 많다. 그들은 뚜렷한 목표를 정하고 그것을 이루기 위해 계속 실천한 사람들이다. 마음먹은 것을 꼭 실천하고 마는 좋은 습관을 개발했으며, 그로 인해 더 효과적으로 일하는 방법을 알게 된 것이다. 다시 말해 성공한 사람들은 습관을 통해 자신의 잠재력을 더 많이 끌어올렸으며 이것을 지속적으로 실행했다. 지능이나 능력이 아닌 습관이 성공의 절대적인 요소라는 것이다.

 좋은 습관

- 좋은 습관은 노력으로 얻을 수 있으며, 자신이 미처 인식하지 못하고 있었던 잠재력을 더 많이 발휘하게 한다.
- 성공한 사람들 중에는 행동력이 뛰어난 이들이 많다.
- 지능이나 능력이 아닌 습관이 성공의 절대적인 요소다.